Tulkus – Die großen Meister Tibets
Wahre Begebenheiten aus dem äußeren, inneren und geheimen Leben der bedeutendsten tibetischen Lamas und wie ihre Wiedergeburten entdeckt wurden

W0462101

Egbert Asshauer

TULKUS

– DIE GROSSEN MEISTER TIBETS –

Wahre Begebenheiten aus dem
äußeren, inneren und geheimen Leben
der bedeutendsten tibetischen Lamas
und wie ihre Wiedergeburten entdeckt wurden

Aquamarin Verlag

1. Auflage 2003
© Aquamarin Verlag
Voglherd 1 • D-85567 Grafing

Umschlaggestaltung: Annette Wagner

ISBN 3-89427-240-6
Druck: Ebner & Spiegel, Ulm

Inhalt

THE DALAI LAMA

Vorwort des Dalai Lama

Tibets umfangreiche religiöse Literatur besteht, grob gesagt, aus zwei Arten von Büchern: Da gibt es einmal jene, welche die Lehren des Buddha in streng analytischer Weise erklären und die in erster Linie für Leser mit einer Ausbildung in Logik und Philosophie bestimmt sind, und dann gibt es Werke von einer mehr inspirierenden Art. Unter den letzteren sind die populärsten diejenigen, welche die Lebensgeschichten großer Lehrer und Praktiker erzählen. Sie beschreiben ausnahmslos, wie ein Individuum durch Studium und spirituelle Praxis die Möglichkeiten nutzen kann, die ihm in diesem Leben als einem freien und glücklichen menschlichen Wesen gegeben sind, um Wissen und Verwirklichung zu erreichen. Ein berühmtes Beispiel ist das *Leben von Milarepa*, das über die Schwierigkeiten und Errungenschaften von Tibets berühmtem Yogi und Dichter auf seinem Weg zur Erleuchtung berichtet.

Egbert Asshauer ist jener Tradition gefolgt, als er dieses Buch schrieb. Er hat die Lebensgeschichten von acht hervorragenden tibetischen Lamas zusammengetragen, welche in Tibet vor den tragischen Ereignissen geboren und ausgebildet wurden, die so abrupt die seit langer Zeit bestehende religiöse Lebensweise des Landes unterbrochen haben. Jeder von ihnen hat einen bedeutenden Beitrag zur Erhaltung und Praxis der Lehren Buddhas geleistet, erst in Tibet und später innerhalb der tibetischen Flüchtlingsgemeinschaft im Exil. Einige von ihnen sind auch weit gereist und haben das wachsende Interesse des Westens am Buddhismus befriedigt. An mehrere dieser Meister erinnere ich mich noch immer voller Respekt und Zuneigung: Sie waren meine eigenen Lehrer. Jeder von ihnen war ein lebendes Bindeglied des reichen und uralten buddhistischen Erbe Tibets.

Ich freue mich, dass der Autor mit der Erzählung der Lebensgeschichten dieser großen Lehrer versucht hat, etwas von der Vitalität und Energie ihrer verschiedenen Charaktere und Persönlichkeiten zu vermitteln. Ich bin sicher, dass dieses Buch für die Leser eine anregende Quelle des Wissens und der Inspiration sein wird.

1. November 2002

Einleitung

Eine traditionelle tibetische Biographie soll etwas aussagen über das äußere, innere und geheime Leben eines Lamas. Das *äußere* Leben umfasst seine Geburt, seine Erziehung, wie und wo er lebte; das *innere* sein spirituelles Leben und seine meditative Praxis; und das *geheime* seine Verwirklichung, sein Verständnis der Realität und der wahren Natur des Geistes sowie Träume, Visionen und andere Erfahrungen, die daraus hervorgehen. Darüber weiß in der Regel nur er allein Bescheid.

In diesem Buch wird das Leben von acht tibetischen Lamas beschrieben, die bis zum Ende der 80er Jahre gelebt haben und für viele Menschen eine Inspiration auf ihrem spirituellen Weg gewesen sind. In ihrer ersten Lebenshälfte haben sie in Tibet gelernt und gelehrt, und in einem Alter, in dem wir im Westen schon an die Rente denken, haben sie im Exil Klöster gebaut, verlorene Texte gesammelt, den Buddhismus verbreitet und viele Tausende neuer Schüler gefunden. Sie sind faktisch aus dem Mittelalter heraus in die Neuzeit geworfen worden, haben sich fremden Kulturen gestellt und Ozeane überquert, ohne nur einen Funken ihrer Authentizität zu verlieren. Es waren keine Missionare: Man hat sie gerufen und sie sind gekommen, nachdem anfangs der 60er Jahre viele junge Leute aus dem Westen, zumeist ernsthaft spirituell Suchende, in Indien und Nepal auf diese Lamas gestoßen waren und ihre Schüler wurden. Ohne diese großen Meister wäre der Buddhismus im Westen nicht mehr als eine Marginalie geblieben.

Sie waren nach der Meinung ihrer Schüler schon zu Lebzeiten erleuchtet – freilich weiß das niemand so genau. Ihre Biographien belegen jedenfalls, dass sie spirituell so weit entwickelt waren, dass sie Ort und Zeit ihrer Wiedergeburt selbst bestimmen konnten, um allen Lebewesen zu helfen, die Befreiung zu erlangen: Man spricht sie mit *Rinpoche* an – „kostbares Juwel“. Sie waren wie Fackeln in der Dunkelheit und sind ein Beispiel für das, was der Geist, wenn er denn lebenslang trainiert wird, erreichen kann. Und sie leben in ihren Reinkarnationen weiter unter uns.

Die Lebensgeschichten, die hier zusammengetragen wurden, haben wir – meine Frau und ich – uns über Jahre hinweg in Europa, Indien, Nepal und Sikkim von Lamas und früheren engen, vertrauten Mitarbeitern, von Verwandten und vorübergehenden Weggefährten und nicht zuletzt auch von westlichen Übersetzern dieser Meister erzählen lassen. Es gibt für die meisten Rinpoches keine schriftlichen Zeugnisse ihres Lebens, nicht einmal in tibetischen Quellen, und wenn, dann konzentrieren sie sich auf die Aufzählung der Lehrer, die sie gehabt haben, auf die Linien, deren Halter sie waren, und lassen kaum etwas von der Persönlichkeit und dem Charakter dieser Menschen durchscheinen: Sie haben keinen Erzählcharakter und beschränken sich auf das äußere Leben. Ich hoffe, es ist mir in diesem Buch gelungen, auch etwas von dem inneren und vielleicht auch von dem geheimen Leben der Rinpoches sichtbar zu machen. Natürlich wird der Leser auch etwas über Land und Leute in Tibet und im Exil erfahren, über das spirituelle Leben in Osttibet sowie über Besonderheiten der verschiedenen Traditionen.

Wir haben gelernt, dass es schwierig ist, Namen, Daten und Orte exakt zu erfassen. Die Aufzeichnungen der verschiedenen Linien sind in Tibet zurückgelassen worden, Zeitzeugen werden immer seltener, die uneinheitliche Transskription tibetischer Namen und Orte verwirrt ebenso wie die generelle Achtlosigkeit von Tibetern im Umgang mit Zahlen. Bei Altersangaben muss man stets die andere Zählweise der Tibeter im Auge behalten, welche die Zeit im Mutterleib als erstes Lebensjahr rechnen. Sie liegt allen Altersangaben in diesem Buch zugrunde.

Seine Heiligkeit der Dalai Lama wünschte, dass wir alle tibetischen Schulen bei unseren Recherchen berücksichtigten. Das verbindende Element war die Bedeutung der einzelnen Lamas für die Ausbreitung des Buddhismus im Westen – und daran waren Sakya-Lamas in den 70er und frühen 80er Jahren nicht wesentlich beteiligt. So findet der Leser lediglich im Anhang eine Kurzbiographie des derzeit geachtetsten Sakya-Lamas – Chogay Trizin Rinpoche.

Wir danken Seiner Heiligkeit für seine Unterstützung und allen im Text genannten und den vielen ungenannt gebliebenen Informanten und Helfern für die Zeit, die sie uns geopfert und die Hinweise, die sie uns gegeben haben. Sie alle, so sagten sie, wünschen sich eine Verbreitung dieses Buches auch im englischen Sprachraum: Möge der Wunsch in Erfüllung gehen.

I. Kyabje Dudjom Rinpoche (1904-1987)

Dudjom Rinpoche – Kyabje ist ein Ehrentitel hoher Lamas – war zu seinen Lebzeiten der höchste Repräsentant der Nyingma-Tradition des Tibetischen Buddhismus. Nyingma heißt „Die alte Übersetzung", und an ihrem Beginn steht Padmasambhava, der Lotos-Geborene, jener große Heilige und Magier des achten Jahrhunderts, den die Tibeter als den zweiten Buddha verehren und Guru Rinpoche nennen. Die Nyingmapas sagen, er sei eine Emanation von Samantabhadra, der die Natur des voll erleuchteten Geistes repräsentiert und den sie als den „ursprünglichen" Buddha ansehen. Als Padmasambhava war er eine von vielen anderen irdischen Manifestationen, ein Heilsbringer, der immerfort wirkt. Wenn wir Padmasambhava in der rechten Weise anrufen, wird er uns sofort seine Hilfe gewähren, sagt Sogyal Rinpoche. Aber die Wurzeln der Nyingma-Lehren reichen viel weiter zurück, denn auch Padmasambhava hat sie von indischen Weisen überliefert bekommen, vor allem deren Herzstück – die Dzogchen-Lehren.

Auch der zweite Dudjom Rinpoche hatte eine lange Inkarnationslinie, heißt es, die vor vielen Weltaltern begonnen hat. In diesem Weltalter sei er nach einer Zählweise der 29. in seiner Linie gewesen, und erst der sechste in dieser Abfolge war Padmasambhava selbst.

Tulkus sind häufig die zweiten oder dritten Inkarnationen in ihrer Linie, die aber nach einer anderen Zählweise oft weit bis in die Zeit des Buddha zurückreicht und viele indische und tibetische Weise und Heilige mit einschließt. Er, Dudjom Rinpoche, sei immer der höchste unter den Nyingma-Lamas gewesen, sagen seine Schüler, und wurde auch von Lamas anderer Traditionen als der lebende Vertreter Padmasambhavas in dieser Zeit anerkannt.

Sein Vorgänger war Dudjom Lingpa (1835-1904). Er lebte als Nomade ohne ein eigenes Kloster und zog meist im Grasland des Distriktes Golok – zwischen Kham und Amdo – mit den dortigen Nomaden umher. Osttibet stellte damals ein spirituelles und politisches Zentrum dar, das praktisch unabhängig von der Regierung in Lhasa war. Lhasa hatte eine Art Oberhoheit, aber die politische Macht lag in den Händen lokaler Chefs einflussreicher Clans. Dudjom Lingpa war ein Yogi und berühmter „Schatzsucher" – ich komme später noch auf diese Eigentümlichkeit der Nyingma-Tradition zurück – und hatte dreizehn Kinder. Bei den Nyingmapas gibt es zwei Arten religiöser Gemeinschaften – den Sangha der Mönche und den der Ngakpas oder Yogis. Sie tragen weiße Kleidung, ihr langes Haar ist im Nacken zu einem Zopf gebunden, sie legen keine Mönchsgelübde ab und können deshalb auch heiraten. Dudjom Lingpa war auch als Exorzist bekannt und gefragt. Er trieb die Dämonen aus, indem er mit einem Schwert auf die Besessenen einschlug – auch Padmasambhava hatte zu seiner Zeit die Dämonen und bösen Geister, die in Tibet ihr Unwesen trieben, mit seinen magischen Kräften bezwungen und sie mit heiligen Eiden gebunden, fortan nur noch dem Dharma, der Lehre Buddhas, zu dienen.

Er hatte ein Schrecken erregendes Aussehen, so fürchterlich, dass die Dämonen von ihrem Opfer abließen, wenn sie ihn nur sahen. Auch die Menschen hatten Angst vor ihm, und so bat ihn seine Frau, er möge doch bitte mit einem friedvollen Aussehen wiedergeboren werden. Er versprach es und kehrte tatsächlich in seiner nächsten Inkarnation als Mensch von großer Sanftheit und mit einem angenehmen Äußeren wieder. Man sagt, ein Tulku kehre in der äußeren Form und mit den Eigenschaften wieder, die in einer bestimmten Zeit und an einem bestimmten Ort für die Erfüllung seiner Aufgabe, die Menschen zum Dharma zu führen, am besten geeignet sei.

Als Dudjom Lingpa sein Ende herannahen fühlte, sagte er seinen engsten Schülern, er werde in Kongpo, in einem Ort nahe der bhutanesischen Grenze, wiederkommen. „Geht dorthin und wartet auf mich“, sagte er. Und so geschah es. Einige Lamas machten sich zu Fuß auf den langen Weg. Ihre Reise dauerte drei Jahre und führte sie nach Pemakoth (Pemakö), in eine regenreiche, schwer zugängliche Gegend im Gebiet des Unteren Kongpo in Südtibet, nahe den Grenzen zu Bhutan und Indien. Dort wurde Dudjom Rinpoche in dem kleinen Dorf Po geboren. Sein Vater Norbu war ein Tulku, der zwar arm war, dessen Familie aber von dem berühmten König Trisong Detsen (ca.742-798), einem Schüler Padmasambhavas, abstammte.

Seine Mutter hatte vor seiner Geburt viele symbolträchtige Träume, die uns ihre Schwiegertochter, Pema Lhazom, die heute über achtzigjährig im Kloster Namdroling lebt, erzählte. Einmal sah sie im Traum einen Altar vor sich, geschmückt mit silbernen Gegenständen. Darauf lagen zwei rituelle Flöten. Eine hatte einen wunderschönen Klang, der anderen war kaum ein Ton zu entlocken. Die wohlklingende Flöte deutete auf Dudjom Rinpoche hin, die andere auf eine zweite Inkarnation von Dudjom Lingpa in der gleichen Gegend, die jedoch als Baby an einer Nahrungsmittelvergiftung starb. Solche Inkarnationen, die aus der gleichen geistigen Quelle stammen, nennt man „Tulpas“. Die Mutter hatte noch mehrere ähnliche Träume, die auf die künftigen heilbringenden Aktivitäten ihres Kindes hinwiesen.

Bald nach seiner Geburt wurde das Baby sehr krank, es konnte keine Milch trinken und wurde dünner und dünner, und alle glaubten, es werde sterben. Da hatte seine Mutter wieder einen Traum. Diesmal sah sie einen Yogi am Himmel fliegen, der dreimal über ihr kreiste und Wasser über sie sprenkelte, genauso wie ein Lama das bei einem tibetischen Wasseropfer-Ritual macht. Allmählich wurde ihr Kind wieder gesund.

In der Küche gab es eine offene Feuerstelle, und Dudjoms Mutter hatte stets Angst, dass das Kind in das Feuer fallen könnte. Eines Tages sah sie zu ihrer großen Überraschung, dass es mit der Asche aus dem Feuer das ganze tibetische Alphabet auf den Boden geschrieben hatte. Da wurde es den Eltern klar, dass ihr Kind ein ganz besonderes war. Sie gaben ihm den Namen Jigdrel Yeshi Dorjee. Als es drei Jahre alt war, starb sein Vater, gerade zu der Zeit, als die Schüler von Dudjom Lingpa in Pemakoth nach seiner Reinkarnation suchten. Ein berühmter Yogi in jener Gegend hatte eine Vision seiner Schutzgottheit gehabt und von ihr erfahren, dass das Kind bereits geboren war und sagte ihnen, sie sollten nach Po gehen, dort würden sie das Kind finden.

Eines Tages sagte der kleine Junge zu seiner Mutter: „Bitte mache hier alles ganz sauber und koche einen guten Tee, jemand wird kommen und uns besuchen." Die Mutter tat, was das Kind ihr gesagt hatte – es war inzwischen vier Jahre alt. Am nächsten Tag fragte es, als es von draußen vom Spielen kam: „Mutter, hast du alles sauber gemacht?" „Ja", sagte sie, „ich habe alles so gemacht, wie du es gewünscht hast." Und wirklich kamen die Besucher. Es waren zwei Personen, ein Lama und sein Diener. „Ist dies das Haus von Norbu?", fragten sie. Sie wurden hereingebeten und setzten sich, der Lama saß etwas erhöht. Plötzlich kam das Kind herein, rannte sofort auf den Lama zu, umarmte ihn und nannte ihn, den niemand dort kannte, bei seinem Namen. Er war der Guru des Tulkus in dessen vorhergehender Inkarnation gewesen und warf sich unter Tränen dreimal vor dem kleinen Jungen auf den Boden, der ebenfalls vor Freude weinte. Das war die Bestätigung, dass er die Wiedergeburt von Dudjom Lingpa war. In der Ngakpa Tradition, zu der Dudjom Rinpoche gehörte, ist es üblich, dass eine Reinkarnation sich selbst zu erkennen gibt. Die Wiedergeburt dieses Kindes war schon von Padmasambhava selbst vorhergesagt worden, mit genauer Beschreibung seines Aussehens und seines vollen Namens. Einige Schatzsucher (Tertöns) hatten das schon lange vor seiner Geburt in Visionen erfahren und aufgeschrieben.

Die beiden Mönche wanderten nach Kham zurück und berichteten den dort verbliebenen Schülern von Dudjom Lingpa, was sie gesehen und gehört hatten. Und alle gingen nach Pemakoth, ließen sich dort nieder und wurden die ersten Lehrer des jungen Rinpoche. Sie hatten nicht viel Mühe mit ihm, weil er sich aus seinen früheren Leben noch an alles erinnerte. Schon mit sieben Jahren konnte der kleine Tulku die umfangreiche Sammlung heiliger Schriften (Kanjur) auswendig hersagen, sie besteht aus 103 Bänden, und man braucht zwei Monate, um sie vorzulesen.

Später, als er erst vierzehn Jahre alt war, besuchte er das kleine Kloster seines Vaters Norbu in Tashigang, ein wenig jenseits der Grenze im Osten von Bhutan. Dort gab er die vollständige Einweihung und Übertragung – das ist die Weitergabe einer Lehre, die in ununterbrochener Folge von Lehrer zu Schüler weitergegeben wird – des Rinchen Terdzod (Rinchen Terdzö), des „Kostbaren Terma-Schatzes". Dieser „Schatz" ist eine Sammlung von Lehren Padmasambhavas, die von hundert Schatzsuchern im Laufe der Zeit gefunden und von Jamyang Khyentse Wangpo (1820-1892) und Jamgön Kongtrul Lodrö Thaye dem Großen (1813-1899), den seinerzeit berühmtesten Meistern in Kham, in mehr als sechzig Bänden zusammengefasst worden waren. Er wird unter feierlichen Zeremonien einer meist großen Zuhörerschaft vorgelesen, und es dauert drei Monate, um die Übertragung zu geben. Das bedeutet natürlich einen erheblichen logistischen Aufwand, so dass Nyingma-Lamas sie meist nur ein- oder zweimal in ihrem Leben geben. Die Übertragung des „Kostbaren Terma-Schatzes" setzt voraus, dass der Lama außergewöhnliche geistige Kräfte – das heißt die völlige Kontrolle über seinen Geist – erlangt und die wahre Natur des Geistes erkannt hat. Dudjom Rinpoche muss schon damals diese Voraussetzung erfüllt haben. Er war der jüngste Lama in der Geschichte Tibets, der diese Übertragung je gegeben hat und hat sie in seinem späteren Leben noch insgesamt zehnmal im Himalaya-Gebiet wiederholt. Auch das ist ungewöhnlich und von keinem anderem Nyingma-Meister bekannt.

Nach seiner ersten Ausbildung durch die Schüler seines Vorgängers wurde er von gelehrten Lamas aus dem Kloster Kathog in Kham unterrichtet, dem ältesten Nyingma-Kloster in Tibet, ohne dort aber ständig zu leben. Er war ein Yogi, ein Ngakpa, und legte deshalb niemals die Mönchsgelübde ab. Mit siebzehn oder achtzehn Jahren nahm er sein Philosophiestudium und das Studium der Meditationspraxis im Kloster Mindrolling in Zentraltibet auf und bekam – und auch das war einzigartig – im Laufe der Zeit die Übertragung aller existierenden Nyingma-Lehren. Bereits mit siebzehn Jahren schrieb Dudjom Rinpoche einen Kommentar zu den Dzogchen-Lehren, den teils geheimen, fundamentalen Lehren der Nyingma-Tradition über die Natur des Geistes. Er bot sie seinem Lehrer an, der spontan ausrief: „Das ist ganz wunderbar. Alle deine Lehren müssen bewahrt werden!" Und so geschah es dann auch. Alles, was der Rinpoche nach seinem fünfundzwanzigsten Lebensjahr geschrieben hat, wurde von seinem Schüler und engstem Vertrauten, dem Lama Pema Longdrol Rinpoche, gesammelt.

Besonders in Kham wurde er zu einem hochgeachteten Meister, wie schon sein Vorgänger, aber er hatte keinen besonders hohen Rang in der religiösen Hierarchie, obschon er als der irdische Vertreter von Padmasambhava anerkannt wurde. Damals gab es in Osttibet viele Hunderte kleiner Nyingma-Klöster und einige wenige große. In ganz Tibet sollen es über tausend gewesen sein. Die größten, wie Mindrolling und Dorje Drak, lagen in Zentraltibet, deren inkarnierte Lamas rangmäßig weit über Dudjom Rinpoche standen. In jener Zeit gab es keinen Thronhalter der Gesamttradition, wie es in den anderen tibetischen Schulen der Fall war. Im Gegensatz zu den großen Lamas der Kagyüpa waren Nyingmapas niemals nach China an den Kaiserhof gegangen, sie besaßen keine chinesischen Titel und keine politische Gewalt. Erst im Exil kamen die Lamas aller sechs Nyingma-Schulen zusammen, um ein Oberhaupt zu wählen, und Dudjom Rinpoche wurde fast automatisch der erste Thronhalter. Nach seinem Tode folgten ihm Dilgo Khyentse Rinpoche und nach diesem Penor

Rinpoche nach, der Thronhalter der Palyul Schule, der im Kloster Namdroling in Südindien residiert.

Für Dudjom Rinpoche waren Rang und Status absolut unwichtig. Er hat sich auch nie um religiöse Politik gekümmert und nie für längere Zeit in einem Kloster gelebt. Er baute lediglich das kleine Kloster, das sein Vater in Tashigang in Bhutan besessen hatte, zu einer Residenz aus, in der er aber selten längere Zeit blieb. Meist zog er, wie sein Vorgänger, mit den Nomaden umher, und die Khampas, die Menschen aus Kham, kamen immer dorthin, wo er gerade mit den Nomaden für eine Weile blieb. Sein Ruf wuchs mit den Jahren, und viele Lamas wurden seine Schüler. Später, im Exil, wurde er auch einer der Lehrer von Dilgo Khyentse Rinpoche, von dem wir noch hören werden, und gab auch an den Dalai Lama Dzogchen-Lehren weiter.

Er war ein Meister, der sich im Wesentlichen mit tantrischer Meditationspraxis beschäftigte, weniger mit Philosophie, die bei den Gelugpas und Sakyapas an erster Stelle steht. Seine Belehrungen kreisten um die wahre Natur des Geistes entsprechend den Dzogchen-Lehren. Er pflegte zu sagen: „Was nützt es, viele Bücher zu lesen. Unser Leben ist so kurz, wir haben so wenig Zeit. Dzogchen ist der beste und schnellste Weg zur Befreiung!" Dudjom Rinpoche – und davon sind seine Schüler überzeugt – war ein Bodhisattva, ein lebender Buddha, und so war es seine wichtigste Aufgabe, die Menschen zur Befreiung zu führen. Natürlich kann man sie auch durch intellektuelle Erkenntnis, durch das Studium der Philosophie erwerben, aber, so sagt man, das ist ein Weg, der Millionen von Lebenszyklen dauern kann.

In Dzogchen, der direkten Erfahrung der Natur des Geistes, war Dudjom Rinpoche ein großer und von allen anderen Lamas anerkannter Gelehrter, und, so sagen seine Schüler, er war der größte Meditationsmeister seiner Zeit. Diesen Anspruch mögen die Schüler anderer großer Meister ihm vielleicht streitig machen, aber das dürfte den Rinpoche wenig gekümmert haben. Ihm war Eifersucht auf andere Lamas absolut fremd, wie denn Streitigkeiten und manchmal auch üble Nachrede eher unter den Schülern und Verantwortlichen der verschiedenen Klöster gelegentlich aufkommen, aber so gut wie nie unter den Rinpoches selbst.

Dudjom Rinpoche hat in seinem Leben viel geschrieben, vor allem über die drei „inneren" Tantras der Nyingma-Tradition – Maha-Yoga, Anu-Yoga und Ati-Yoga – zu denen er Kommentare und praktische Anleitungen gegeben hat, wie man visualisiert und welche Mantras wie angewendet werden müssen. Die kanonischen Lehren der Nyingmapas (Kama), wie sie in einer ununterbrochenen Linie vom Ursprungsbuddha Samantabhadra bis heute überliefert worden sind, hat er in 40 Bänden gesammelt und zudem eine Geschichte Tibets und eine der Nyingma-Tradition geschrieben. Seine Schriften füllen mehr als 25 Bände und umfassen auch tibetisches Drama, tibetische Grammatik, Astrologie und Poesie.

In vielen Klöstern gehörte auch die Medizin zur Ausbildung der Mönche, und die schon erwähnten großen Meister in Kham – Jamyang Khyentse Wangpo, Jamgön Kongtrul und Mipham Gyatso Rinpoche (1846-1912) – waren auch berühmte Ärzte und haben Bücher über die traditionelle tibetische Medizin geschrieben. Jamyang Khyentse Wangpo hatte im Kloster Dzongsar in Kham eine Medizinschule eingerichtet, aus der eine Reihe damals bekannter Mönchsärzte hervorgegangen sind. So verwundert es nicht, dass Dudjom Rinpoche als erster im Exil wieder eine heilige, gesegnete Medizin aus Kräutern (Mendrup) hergestellt hat, die während einer Puja zubereitet wird. Je nach den Mantras, die bei der Puja verwendet werden, unterscheidet man verschiedene Arten dieser Pillen. Die Rituale sind sehr kompliziert und zeitaufwendig, selbst bestimmte rituelle Tänze werden dabei aufgeführt. Die Medizin soll das Immunsystem stärken, man gibt sie kranken Menschen und Tieren zusammen mit geweihtem Wasser zur Heilung, aber auch zur Verhütung von Krankheiten oder einfach als Segen des Lamas, der sie austeilt.

Oft findet man nach der Verbrennung des Körpers eines Lamas, der in seiner spirituellen Praxis weit fortgeschritten war, so genannte „Ringsel" in seiner Asche, erbsengroße oder noch kleinere weiße bis graue Pillen, die sich im Körper des Lamas schon zu seinen Lebzeiten gebildet haben sollen. Sie werden zusammen mit anderen Reliquien in Stupas und Statuen aufbewahrt oder in bestimmten Gefäßen, in denen sie sich manchmal auch vermehren. Wenn ein Lama einem Sterbenden eine dieser heiligen Pillen gibt, dann wird dessen negatives Karma augenblicklich ausgelöscht und verhindert, dass er in den niederen Bereichen der Tiere, hungrigen Geister und Höllenwesen wiedergeboren wird. In sehr seltenen Fällen bilden sich Ringsel auch sichtbar am Körper eines Meisters zu seinen Lebzeiten, wenn er eine besonders segensreiche Meditation durchgeführt hat. Das geschah einmal bei Dudjom Lingpa. Er schenkte die Ringsel, die sich in seinen Haaren gebildet hatten, dem König von Derge, der sie als ein höchst heiliges Besitztum bis zu seinem Tode in hohen Ehren hielt. Ähnliche Reliquien in Form kleiner Pillen heißen „Dung". Sie sind hart wie Diamanten, es gibt sie in fünf Farben. Sie bilden sich nach der Praxis von Dzogchen im Körper eines sehr weit fortgeschrittenen Meditationsmeisters und werden erst nach seiner Verbrennung sichtbar. Offensichtlich ist dies eine sehr seltene Erscheinung.

Die Ngakpas stehen in dem Ruf, okkulte Kräfte zu besitzen, und so wurde auch Dudjom Rinpoche oft gebeten, Divinationen (Mo oder andere Orakel) durchzuführen, wozu er eine Mala (Rosenkranz) benutzte. Er hatte schon in Kham ein Buch über die Praxis des Mo geschrieben. Ngakpas sind auch als Heiler bekannt, und viele Kranke kamen von weither zu dem Rinpoche, für die er spezielle Gebete und Mantras sprach. Wir haben das einmal bei Do Drupchen Rinpoche in Gangtok gesehen, einem berühmten Nyingma-Lama, zu dem selbst Tote aus Bhutan gebracht wurden, damit er ihnen einen letzten Segen für eine gute Wiedergeburt gebe. Vor seinem Audienzzimmer saßen und standen immer viele Kranke voller Vertrauen in die heilenden Kräfte des Lamas, denen er dann, Gebete murmelnd, seinen Segen gab. Khandro-la, seine Frau, thronte in einem anschließenden Zimmer auf einer Art Diwan und gab jedem, der sich vor ihr mit dem traditionellen weißen Begrüßungsschal (Khata) verneigte, mit einem ungemein gütigen Lächeln ein kleines Fläschchen mit heilendem, geweihtem Wasser. Khandro ist der tibetische Ausdruck für „Dakini". Über ihrem Sitz hängt ein wunderschönes altes Thangka, auf dem eine tanzende Dakini dargestellt ist, ein Geschenk von Dudjom Rinpoche, den sie von kleinauf kannte. Er war, wie sie sagte, ihr Wurzelguru. Ihr Gesicht leuchtete förmlich, als sie bei einem späteren Besuch von ihm sprach.

Die Frauen spirituell hochentwickelter Meditationspraktiker gelten als Dakinis, als göttliche Weisheitswesen-Hebammen der spirituellen Entwicklung und Hüterinnen geheimer Lehren. Von einem bestimmten Punkt der tantrischen Praxis an braucht der Meditierende – das gilt auch für einen Schatzsucher (Tertön) – eine Verbindung zu den Dakinis, um Visionen zu entfalten und zu deuten, um Texte lesen und erklären zu können. Ohne eine Gefährtin gibt es kein Fortschreiten mehr. Das ist dann der Zeitpunkt, zu dem ein Yogi von seinen Lehrern, wenn er denn nicht selbst den Wunsch äußert, mit einer passenden Frau verheiratet wird. Ähnlich wie bei der Auffindung eines Tulkus, gibt es auch hier bestimmte Zeichen, nach denen die Wahl getroffen wird.

In Tibet hatten die Ngakpas vor allem im Osten große Klöster. Viele waren wandernde Yogis, die hier und da eine Weile blieben, um den Dharma zu lehren, Hauslehrer der Kinder ihrer Sponsoren zu werden oder aber ihre okkulten Kräfte anzuwenden, wenn sie gerufen und dafür bezahlt wurden. Sie hatten einen nicht immer eindeutigen Ruf als Zauberer, und vor allem in den Büchern von Alexandra David-Neel kann man darüber manches Ungewöhnliche lesen. Es scheint, dass niemand so recht erklären kann, wie sie in den Buddhismus hineingeraten sind – so wenigstens meint es der Ngari Rinpoche, der Bruder des Dalai Lama. Es gab unter den Yogis große Gelehrte, und vor allem in Kham waren die berühmten Nyingma-Meister fast alle Ngakpas. Auch Milarepa (1040-1123), der berühmteste Yogi und Dichter der Tibeter, war ein Ngakpa und Meister der Schwarzen und Weißen Magie. Er war nie verheiratet und bedurfte offenbar zu seiner Praxis keiner Gefährtin.

Lama Kunzang Dorje, der Sohn des oben erwähnten Lama Pema Longdrol Rinpoche und sein Nachfolger als Abt des Klosters Jangsa Dechen Choling in Kalimpong, sagt dazu: „Mein Vater ist zwar ein Ngakpa gewesen, aber ich ziehe es vor, ein Mönch zu sein. Ich habe die Mönchsgelübde abgelegt, weil der Buddha gesagt hat: „Ihr müsst Mönche sein.“ Man wird ein Mönch zum eigenen Schutz. Man wird dadurch freier und kann sich besser dem Dharma hingeben, zumindest wenn man noch jung ist, denn die Bindung an eine Familie verbraucht viel Zeit und Energie, die man besser zur Praxis verwenden kann. Aber viele Ngakpas, die früher Mönche waren, sehen das ganz anders.“

Die relativ kleinen Klöster Dudjom Rinpoches, in Kathmandu Urgyen Ngak Choling mit etwa 100 Yogis, und in Kalimpong Jangsa Dechen Choling, gegründet 1680, und das ab 1969 erbaute Zangdhog Palri Monastery in Durpin/Kalimpong mit je 45 Yogis, sind Ngakpa-Klöster. Die jungen Studenten lernen meist nicht sehr viel und nicht sehr lange Philosophie, obschon manche vorher eine der Klosteruniversitäten der Nyingmapas in Namdroling oder Mindrolling besuchen, um eine bessere philosophische Ausbildung zu bekommen, bevor sie tantrische Meditation praktizieren. Wenn sie erst einmal eine Familie haben, bleibt nicht mehr viel Zeit, um sich einem intensiven Philosophiestudium zu widmen. Sie lernen deshalb nur die Grundlagen, die sie benötigen, um Dzogchen zu praktizieren: Lehren des Hinayana, Mahayana und

Tantrayana, die in einer nur den Ngakpas eigenen Anthologie (Mundro) zusammengestellt sind.

Padmasambhava hat die Nyingma-Lehren im 8. Jahrhundert aus Indien nach Tibet gebracht, aber für viele von ihnen war die Zeit nach seinem Urteil noch nicht reif, um sie zu verkünden. Seine Gefährtin, Yeshe Tsogyal, die mit dem König Trisong Detsen verheiratet war, schrieb alle seine mündlich übertragenen Lehren auf, sammelte und versteckte sie in seinem Auftrag an vielen Orten Tibets, in Bhutan und Sikkim. Padmasambhava sagte fünfundzwanzig seiner engsten Schüler voraus, sie würden wiedergeboren werden, um diese „Schätze“ (Termas) zu enthüllen. Die Schatzenthüller oder Schatzsucher (Tertöns) haben keine ununterbrochenen Inkarnationslinien wie die Tulkus, sondern sie kommen und verschwinden wieder für lange Zeit in der Anonymität. Es gibt sie logischerweise nur bei den Nyingmapas, deren Lehren alle auf Padmasambhava zurückgehen.

Dudjom Rinpoche hat schon mit fünf Jahren seine ersten Termas in Tibet gefunden, mit dreizehn, vierzehn Jahren in Bhutan und später sehr viele in Sikkim. In Bhutan traf er eines Tages einen Lama, einen Ngakpa, der eine gelbe Robe anhatte und in der Hand ein Buch hielt, das in gelbes Tuch eingeschlagen war. Das gab er dem jungen Rinpoche und sagte ihm: „Hier, in diesem Buch, sind alle Schätze verzeichnet, die du einmal finden wirst. Ich gehe jetzt in mein Haus dort hinten und mache einen Tee für uns. Setze dich solange hier hin.“ Und er ging seiner Wege – und kam nie wieder. Der Rinpoche nahm das Buch und suchte nach dem Haus, das er auch fand, aber es war leer. Kein Lama weit und breit.

Einige Zeit später ging er nachts mit einigen Freunden zu einem kleinen, aber sehr tiefen See. Sie hatten Fackeln bei sich. Als sie am Ufer angekommen waren, sprang der junge Rinpoche plötzlich in das Wasser. Er tauchte mit seiner Fackel unter, die auch unter Wasser weiterbrannte, und die Freunde sahen, wie das Licht immer weiter unter der Oberfläche des Sees entschwand. Als der Rinpoche wieder auftauchte, hielt er in der Hand einen kleinen Kasten aus Silber, der mit Wachs versiegelt war. Neugierig lösten sie das Wachs und öffneten den Kasten: Darin waren Schriften auf vergilbtem Papier, Termas, heilige Texte, die Padmasambhava oder seine Gefährtin in dem See versteckt hatten.

Termas sind meist Schriften, es können aber auch wertvolle Steine oder kleine Statuen sein. Manchmal sind es auch Kräuterpillen oder Kleidungsstücke. Am häufigsten sind es aber Texte. Sie sind in der Sprache der Dakinis abgefasst, einer „Zwielichtsprache“, die nur der entziffern kann, der mit der Energie einer Dakini in Verbindung steht. Termas sind in der Natur versteckt, als Erd-Termas“, in Seen, in Höhlen, in Felsen, dann greift der Schatzsucher in den harten Felsen, als ob er Lehm sei, und selbst im Himmel über uns. Schatztexte sind auch im Geist des Tertöns verborgen, die „Geist-Termas“, für den Sucher aber nicht erinnerbar, solange er nicht ein „Zeichen“ bekommt. Manchmal handelt es sich nicht um Nyingma-Lehren, um Lehren Padmasambhavas, sondern um Sutras, Worte Buddhas. Dann schreibt der Tertön sie auf, auch wenn er keine Ahnung vom Sutrayana hat, und zeigt seinen Fund später einem gelehrten Lama. Der entscheidet dann, ob er authentisch ist.

Es gibt Berichte über Tertöns, die nicht lesen oder schreiben konnten, aber wenn sie das Zeichen bekommen hatten, plötzlich in der Lage waren, lange Texte niederzuschreiben oder zu diktieren. So gab es einmal in Kham einen berühmten Tertön, der nicht schreiben konnte. Er war völlig ungebildet. Als er eines Tages das Zeichen bekam und sich an das erinnerte, was Padmasambhava einst gelehrt hatte, wusste er nicht, was er nun tun sollte. Da erschien ihm Padmasambhava in einer Vision und sagte: „Mache dir keine Sorgen. In deiner Nähe gibt es einen Mann, der hinkt. Er wird alles für dich aufschreiben.“ Und genauso geschah es. Der

Tertön fand den hinkenden Mann, dem er alles diktierte, und es wurden viele Bände daraus.

So schreiben die Tertöns alles auf, sie brauchen nur das „Zeichen". Es gibt viele verschiedene solcher Zeichen, sie sind wie eine Markierung im Dschungel, um den Weg zurück in die Tiefen der Erinnerung zu finden. Sie haben eine Vision, einen Traum, und wie unter einem Zwang, dem sie nicht widerstehen können, beginnen sie zu schreiben. Es fließt förmlich aus ihnen heraus – sie schreiben ganz automatisch. Es ist so, als wäre ein Teil ihres Gedächtnisses versiegelt gewesen, denn das vergangene Wissen bleibt in allen Inkarnationen eines Tertöns erhalten, aber es bleibt unbewusst, es lässt sich nicht willentlich abrufen. Der Tertön ist ein „Schläfer" und tritt über viele Leben hinweg nicht als Schatzsucher in Erscheinung. Dann kommt das Zeichen, und plötzlich wird alles offenbar, was wie von einem Schleier bedeckt war, und der Tertön hat unmittelbar ein Wissen zur Verfügung, von dem er vorher nichts geahnt hat. Die Erinnerung bricht aus ihm heraus. Jeder von uns kennt das: Man riecht, schmeckt oder hört etwas, und plötzlich ist die Erinnerung an längst Vergangenes da, eine bestimmte Stimmung, der Geruch eines fernen Meeres, ein Bild aus der Kindheit. Manchmal ist es die Gefährtin, die einem Tertön sagt, woran er sich erinnern müsse. Da sie als feenhafte, göttliche Wesen gelten, haben sie in bestimmten Momenten ein größeres Wissen als normale Menschen, eine Art Hellsichtigkeit. Meist behalten Tertöns ihre Vision zunächst jahrelang für sich, niemand hört davon, niemand bekommt die Texte zu sehen. Dann geben sie die Lehren vielleicht nur an ein, zwei Schüler weiter, die mit ihnen praktizieren dürfen. Manchmal werden so die Lehren erst nach ein oder zwei Generationen öffentlich, und es besteht immer die Gefahr, dass die Übertragungslinie ausstirbt.

Eines Tages war Dudjom Rinpoche an einem sehr heiligen Ort hoch oben in den Bergen Bhutans – man nennt ihn „Tigernest"

(Paro Taktsang). Es ist ein kleines Kloster, das sich inmitten von Zedern in 2800 Metern Höhe an die Felsen schmiegt. Padmasambhava soll auf dem Rücken einer Tigerin dorthin geflogen sein, um Schätze zu verstecken. Nach der Legende hatte sich Yeshe Tsogyal, seine Schülerin, damals in diese Tigerin verwandelt. Dort verbrachte der Rinpoche eine Nacht. Im Traum erschien ihm ein junges, wunderhübsches Mädchen, und er hatte das Gefühl, das sei die Dakini Yeshe Tsogyal. Sie hielt einen kleinen Stupa in der Hand und sagte: „Guru Rinpoche (Padmasambhava) hat mir diesen Stupa gegeben, damit ich ihn verberge. Als er Tibet verlassen hat, bin ich nach Bhutan gekommen und habe ihn an diesem Ort, der durch ihn geheiligt worden ist, versteckt. Nimm den Segen des Stupa und erinnere dich an das, was Guru Rinpoche dich gelehrt hat, als wir alle mit ihm zusammen waren." Dudjom Rinpoche legte den Stupa an Stirn, Mund und Herz und empfing unmittelbar die drei Segen des Körpers, der Sprache und des Geistes. Und das Mädchen sprach weiter: „Du wirst nun nie mehr vergessen, was Guru Rinpoche dir gesagt hat. Das ist der wahre Segen dieses Stupa." Dann löste sie sich in Luft auf.

Der Rinpoche hat später erzählt, wenn er alles aufgeschrieben hätte, woran er sich sofort erinnern konnte, dann wäre das ein dicker Band geworden, so aber habe er nur eine kurze Fassung davon gemacht, nur die Essenz der Lehren aufgeschrieben. Er war wohl das, was man einen Visionär nennt und hatte viele Visionen und Träume, in denen er Lehren empfing – Lehren aus dem Geist.

Dudjom Rinpoche war schon einige Jahre vor der Flucht des Dalai Lama aus Tibet (1959) nach Kalimpong in Darjeeling, nahe der Grenzen zu Sikkim und Bhutan, gekommen. Er residierte nicht in einem seiner Klöster dort, sondern in einer großen, aber einfachen Villa zusammen mit seiner zweiten Frau – sie lebt heute in Bhutan – und mit Lama Pema Longdrol und dessen Familie. Dessen Sohn Kunzang Dorjee erinnert sich gern an diese Zeit: „Wenn Rinpoche mich sah, hatte er immer ein Lächeln für mich und gab mir Süßigkeiten. Meine Mutter musste ihm immer sagen: „Rinpoche, gib dem Kind nicht soviel Süßes!" Dudjom Rinpoche war, ganz im Gegensatz zu seinem Vorgänger, ein sehr sanfter Mensch, sprach immer mit leiser Stimme und hatte ein etwas feminines Aussehen. Er war mittelgroß und auch im Alter nicht so dick wie viele andere Lamas. Sein äußeres Leben war sehr bescheiden, ohne Streben nach Ruhm oder nach weltlichen Besitztümern. Seine Klöster in Kathmandu und Kalimpong sind relativ klein und ohne jede prunkvolle Ausstattung, wie sie etliche Klöster auch im Exil wieder aufweisen. Er war voller Mitgefühl mit allen, die zu ihm kamen und ihn um Hilfe baten, beseelt von dem glühenden Wunsch, allen Lebewesen zu helfen. Nie in seinem Leben hat der Rinpoche einem Menschen oder einem Tier etwas zuleide getan, kein Mensch hat je gehört, dass er jemanden kritisiert oder gar Übles gesagt hätte, und jeder konnte zu ihm kommen und ihn um eine Belehrung, einen Rat oder nur um seinen Segen bitten. Er verausgabte sich so sehr dabei, dass später seine Mitarbeiter Grenzen ziehen mussten, damit der Rinpoche mehr Zeit bekam. Er nutzte sie zum Schreiben und zum Dichten, denn er war ein exzellenter Poet und hat viele gute Gedichte geschrieben.

Namgyal Tashi, der Novizenmeister des Ngakpa-Klosters in Kathmandu, sagte zu uns: „Wenn jemand zu Rinpoche kam, dann wusste er augenblicklich, welches Problem dieser Bittsteller hatte und konnte es auf der Stelle lösen." Wir stellten die Frage, ob es immer richtig sei, dass jedes Problem sofort von außen gelöst würde, ob ein Mensch nicht viel mehr an Problemen reifen könne. Irgendwie ging die Antwort auf die Frage verloren, aber sie wäre wohl etwa so gewesen: Der Lama weiß in seiner Hellsichtigkeit, was für eine Person notwendig ist und was nicht. Aber es ging wohl mehr darum zu zeigen, dass Dudjom Rinpoche sich als irdischer Vertreter von Padmasambhava genauso verhalten hat, wie es von diesem auch heute noch erhofft wird: Jedem zu helfen, der ihn in der rechten Weise anruft. Die Schüler von Dudjom Rinpoche sind der festen Überzeugung, dass er bereits zu Lebzeiten erleuchtet war – eine Meinung, die wir auch von den Schülern anderer

Meister gehört haben. Wir haben den Dalai Lama danach gefragt, was man davon halten könne. Er hat gelacht und gemeint: „Wissen Sie, so genau kann man das nie sagen. Aber wenn es der eigene Lehrer ist, in dem man ja den Buddha sehen soll, dann ist so ein Urteil menschlich durchaus verständlich.“

In Nepal wurde Dudjom Rinpoche zu einem Katalysator bei der Erhaltung der tibetischen Kultur innerhalb der Flüchtlingsgemeinschaft und hat die Meditation in der Gruppe wieder eingeführt (Drupchen): Sie dauert bis zu zwei Wochen und geht mit sehr speziellen und komplizierten Ritualen einher. Dudjom Rinpoche hat oft gesagt, dass Drupchen den gleichen Verdienst bringe wie ein Drei-Jahres-Retreat und damit für Laien sehr geeignet sei. Natürlich gab er im ganzen Himalaya Belehrungen, wenn er dazu eingeladen wurde, aber er hielt sich sehr für sich und reiste nicht ständig zwischen Indien, Nepal, Bhutan, Sikkim, Tibet oder heute auch wieder China hin und her, wie es die Lamas der Himalaya-Region gerne tun. Besonders die Beziehungen zu Bhutan sind sehr eng, einem Land, das schon zu Zeiten Padmasambhavas den Buddhismus übernommen hatte und seither immer unabhängig geblieben ist. Viele Klöster im östlichen Himalaya haben enge Bindungen zum Königshaus, das ihre Projekte unterstützt und zum Erhalt der Klöster beiträgt.

Dudjom Rinpoche reiste Anfang der 80er Jahre kreuz und quer durch Europa, er hatte oft seine Kinder bei sich, aber keine Diener. Er war ein fröhlicher Mensch, erzählte uns Mayam Pema Choedon, eine sehr warmherzige, mütterliche Frau, die damals in der Nähe von Biel in der Schweiz lebte und Dudjom Rinpoche und viele andere Lamas oft zu Gast hatte. Für die reisenden Lamas im Westen war das Leben sehr teuer, und so hätten sie und ihr Mann den Lamas immer angeboten, ihr Haus als ihr eigenes anzusehen. Er scherzte gern, sagte sie, war sehr herzlich gegenüber anderen Menschen und strahlte große Gelassenheit und innere Ruhe aus. Weltliche Dinge interessierten ihn nicht. Er aß, was ihm angeboten wurde, schlief, wo man ihm ein Lager gab, und konnte nie nein sagen, was immer man auch von ihm forderte. Damals war er schon siebzig Jahre alt, aber er wirkte wie ein Mann von Vierzig. Einmal besuchte er seine Gastgeber in ihrem Laden, aber er sah sich nichts an, schaute nur nach der Decke und kaufte dann aus Höflichkeit ein kleines Messer. Nur Lamas, die völlig nach innen leben, können sich so verhalten. Die äußere Welt hatte keine Bedeutung für ihn.

Dudjom Rinpoche gab Belehrungen und Ermächtigungen in der Schweiz, aber auch da war er, von außen gesehen, sehr großzügig und hielt sich nicht an vorgeschriebene Texte. Er brauchte immer jemanden, der an seiner Seite war und ihm sagte, welchen Text er nun lesen müsse. Er konnte sonst einfach in der Mitte eines Textes beginnen, hörte vorzeitig auf oder las den gleichen Text mehrmals vor. Die Natur des Geistes war ihm allein wichtig, darin lebte er und darin ging er völlig auf.

Einmal war auch der Karmapa im Haus von Mayam Pema Choedon zu Gast und meinte, deren Söhne, die damals elf und sechzehn Jahre alt waren, seien etwas Besonderes und sie solle mit Dudjom Rinpoche Kontakt aufnehmen. Dudjom Rinpoche kam auch bald und hatte in der Nacht eine Vision. Er sagte nur: „Das sind beide Tulkus, kümmere dich gut um sie und halte sie rein." Das war alles. Er schrieb dann einen Brief an Penor Rinpoche, dass er die zwei Tulkus, nach denen der Rinpoche schon länger suchte, gefunden habe. Es waren Ajam Tulku und Ngedoen Tulku, die beide heute im Kloster Namdroling sehr wichtige Funktionen inne haben. Ihre Eltern leben heute mit ihnen zusammen.

In den 70er Jahren reiste Dudjom Rinpoche erstmals in den Westen und nach Ostasien. Er gründete Zentren in der Dordogne, in Spanien, New York, Hongkong und Taiwan. Im Wesentlichen lehrte er Dzogchen und die entsprechenden Meditationspraktiken, gab Einweihungen und Übertragungen von tantrischen

Lehren. Aber gewöhnlich redete er nicht viel, hielt keine Vorträge und gab keine langen theoretischen Einführungen und Erklärungen. Seine Schüler mussten gleich in die Praxis gehen. Damit kam er genau den Wünschen westlicher Schüler entgegen, die in der Regel fortgeschrittene Unterweisungen bevorzugen, ehe sie überhaupt grundlegende Kenntnisse des Dharma erworben haben. Mit westlichen Schülern und ihrer im Vergleich zu Tibetern sehr direkten Art hatte er überhaupt keine Probleme. Im Gegenteil hatte Dudjom Rinpoche zu Hause erzählt, dass die Leute im Westen sehr intelligent seien, viele Fragen stellten, aber sehr kopflastig seien. Das war wohl auch ein Grund dafür, sich nicht lange mit Theorie und Philosophie aufzuhalten, um die ohnehin intellektuell überfrachteten Köpfe seiner Schüler nicht noch mehr zu belasten. Seine Aufgabe war es, ihnen den Dharma zu vermitteln, und sein Fundament war eine unerschütterliche Liebe zu allen Menschen. Alles andere interessierte ihn nicht, wie auch immer die Schüler sich betrugen, kleideten, wie sie reagierten und agierten. Er kannte im Umgang mit Schülern keine Affekte. Sein Leben hatte nur einen Zweck – ein Beispiel zu geben. Er wollte andere verwandeln, damit sie die Natur des Geistes erkennen konnten.

In den USA gab es einen berühmten Maler Mark (Rothko?), der, wie Lama Namgyal Tashi meinte, in den 70er Jahren umgerechnet eine halbe Million Mark für ein Bild bekam. Er lernte Dudjom Rinpoche kennen, war unglaublich beeindruckt von ihm und wollte ihm mit seinem vielen Geld unbedingt etwas Gutes tun: „Wollen Sie ein Stück Land, Rinpoche?“, sagte er zu ihm. „Sagen Sie, was und wo Sie etwas haben wollen. Ich arrangiere das für Sie.“ Rinpoche wollte gern ein Zentrum in New York gründen und nahm das Angebot an. Und was tat er? Er suchte sich in einem der übelsten Viertel von New York ein Anwesen aus, in dem es von bösen Geistern und Dämonen, so erzählte uns der Lama, nur so wimmelte. Niemand wollte es haben. Vor dem Krieg waren in dem Haus Tausende von Abtreibungen gemacht worden, und die Geister der abgetriebenen Kinder irrten noch immer unerlöst herum und trieben in der ganzen Nachbarschaft ihr Unwesen. Der Rinpoche in seiner Hellsichtigkeit wusste das. Er gründete sein Zentrum, einen Ort der Meditation, und bändigte die Geister der Abgeschiedenen mit der Kraft der Gebete – wie einst auch Padmasambhava die Dämonen der Bön-Religion sich unterworfen und sein Vorgänger in Kham böse Geister mit dem Schwert vertrieben hatte. Heute ist dort alles voller Frieden.

Etwas Ähnliches geschah in der Dordogne. Auch dort bot ihm ein Sponsor an, ihm beim Kauf eines Grundstückes seiner Wahl zu helfen. Dudjom Rinpoche suchte sich eine Gegend aus, in der Deutsche und Franzosen sich gegenseitig umgebracht haben sollen. Auch hier fühlte der Rinpoche die Gegenwart von Geistern, die von ihren bösen Taten umgetrieben wurden. Wenn er sein Zentrum genau an diesem Platz baute, dann tat er das aus Mitgefühl mit den Geistern der Opfer und Täter gleichermaßen, aber auch mit den Menschen dieser Gegend, die keine Ruhe finden konnten, weil die Geister sie immer aufs Neue belästigten. Sie alle wurden später seine Schüler, nachdem Frieden in die Gegend eingezogen war. Heute lehrt dort einer seiner Söhne – Shenphen Rinpoche. Er wurde als inkarnierter Lama eines Sakya-Klosters in Kham inthronisiert, entschloss sich aber später, ein Ngakpa, wie sein Vater, zu werden und wurde sein geistiger Erbe.

In seinem letzten Lebensjahrzehnt litt Dudjom Rinpoche an Asthma und Diabetes. Er erzählte damals, dass er in seiner Jugend einmal zu einem Ort an der Grenze zwischen Tibet und Kham gekommen sei – Tibet und Kham sind zwei grundverschiedene Länder, wurde uns gesagt. Dort traf er sich mit dem jüngsten Sohn seines Vorgängers, einem Tulku und typischen Khampa. Die Leute von Kham sind sehr eigenwillige Menschen, stur wenn es sein muss und sehr verschieden von den Tibetern in Zentral- und Südtibet. Der Khampa bat Dudjom Rinpoche zu versprechen, dass er achtzig Jahre lang leben werde. Vorher dürfe und solle der Rinpoche nicht sterben, und er hielt die Hände des Rinpoche so lange eisern fest, bis dieser ein feierliches Versprechen abgegeben hatte: „Ja, ich werde so lange leben.“ Und er hielt es.

In der Dordogne wurde er einmal in ein Krankenhaus gebracht. Alle dachten, dies sei nun das Ende ihres geliebten Gurus. Aber seine Frau sprach mit ihm und sagte ihm sehr eindringlich: „Du musst weiterleben, Rinpoche, du hast deine Aufgabe noch nicht erfüllt. Noch kannst du deine Schüler nicht alleine lassen.“ Und wirklich lebte er danach noch zwei weitere Jahre.

Er starb 1987 in der Dordogne. Nachdem er sieben Tage in der Todesmeditation (Thugdam) geblieben war, ohne Zeichen der Verwesung zu zeigen, wurde sein Körper einbalsamiert, zunächst nach Kalimpong zurückgebracht und später in seinem Kloster in Kathmandu in einem Stupa beigesetzt. Schon vor seinem Tode war der Rinpoche unglaublich dünn geworden, aber nach seinem Tode schrumpfte der Körper nach und nach auf Kindesgröße. Die Kiste, in der er nach Hause gebracht wurde, kann man in Kalimpong im Kloster auf dem Durpin Hill sehen – sie hat etwa die Größe eines Wäschekorbes. Es ist oft berichtet worden, dass die einbalsamierten Leichen großer Lamas schrumpfen, wenn sie nicht wie sonst üblich verbrannt werden. Lama Pema Longdrol hat seinem Sohn erzählt, dass er dies bei einem Tertön in Kham gesehen habe, bei Lama Tertön Dorje, dessen Leiche am Ende auf ein Tablett passte. Nur die Haare blieben so lang, wie sie zu Lebzeiten des Lamas gewesen waren.

Als der Körper von Dudjom Rinpoche in seine Residenz in Kalimpong gebracht wurde, erschien plötzlich einen blendend weißer Lichtstrahl über dem Haus und verlor sich im Himmel. Es gab viele solcher Zeichen in Kalimpong und später auch in Kathmandu. In Dudjom Rinpoches Kloster wurde die Stelle, wo der Stupa des Rinpoche heute steht, durch einen mächtigen vielfarbigen Lichtstrahl angezeigt, der durch ein gegenüberliegendes Fenster auf einen kleinen Altar fiel und lange zu sehen war. Als der Stupa aufgestellt worden war, zeigte sich über Jahre hinweg ein anderes Phänomen – ein Licht innerhalb des Stupa. Manche dachten, es sei ein Reflex der Butterlampen, die auf dem Altar davor standen – man nahm sie weg, das Licht blieb. Es war eher ein Lichtfleck, ein kleiner, unbeweglicher weißer Lichtkreis. Niemand hat die Erscheinung je erklären können.

Dudjom Rinpoche selbst hatte keine Hinweise auf seine Reinkarnation hinterlassen. Von einer berühmten Schatzsucherin in Kham war die Wiedergeburt aber mit genauen Hinweisen auf Ort und Namen vorausgesagt worden. Die letztliche Bestätigung hat der Dalai Lama gegeben. Es gibt noch einige andere Inkarnationen von Dudjom Rinpoche, die von verschiedenen Lamas gefunden und bestätigt, aber wohl offiziell nie anerkannt worden sind.

Der dritte Dudjom Tulku ist jetzt nach westlicher Rechnung zwölf oder dreizehn Jahre alt. Genau haben wir das nicht erfahren. Tibeter nehmen es mit solchen Angaben selten sehr genau. Das Kind wurde in Chengdu in China bei seinen Eltern erzogen und vor einigen Jahren nach Nepal gebracht. Es habe dabei keine besonderen Schwierigkeiten gegeben, weil der Vorgänger keinen hohen Rang hatte und auch keine großen Besitztümer, wie etwa der Karmapa. Der junge Tulku hat den langen Namen Yangsi Sangay Pema Shedpa Rigzin Thrinley Drupa Dhe, wobei Yangsi nichts anderes als Wiedergeburt heißt. Viele junge Tulkus werden Yangsi Tulku genannt. Er wird von Jadrel Rinpoche erzogen, einem berühmten Dzogchen Meister, der in Ghoom, in der Nähe der Stadt Darjeeling, lebt.

Quellennachweise:

Interview mit Lama Namgyal Tashi im Kloster Urgyen Dog Ngak Choling in Kathmandu/Nepal, am 24.9.01

Interview mit Lama Kunzang Dorjee im Kloster Jangsa Dechen Choling in Kalimpong/Darjeeling, am 15.10.01

Interview mit der Ehrwürdigen Khandro-la im Kloster Chorten Lhakang in Gangtok/Sikkim, am 17.10.2001

Interview mit dem 4. Do Drupchen Rinpoche im Kloster Chorten Lhakang in Gangtok/Sikkim, am 20.9.1999

Interview mit Pema Lhazom im Kloster Namdroling/Südindien, am 21.2. 2002

Interview mit Mayum Pema Choedon im Kloster Namdroling/Südindien, am 21.2.2002

Interview mit Ngedoen Tulku im Kloster Namdroling/Südindien, am 27.1 1999

Sogyal Rinpoche: Dzogchen und Padmasambhava. Ratnakosha, Berlin 1995

Tulku Thondup: Masters of Meditation and Miracles. Edited by Harold Talbott. Shambala, Boston & London 1999.

II. Kyabje Dilgo Khyentse Rinpoche (1910-1991)

War Dudjom Rinpoche ein eher stiller, in sich gekehrter und zurückgezogen lebender Lama mit einem begrenzten Wirkungskreis, so kann man von Dilgo Khyentse Rinpoche, seinem Nachfolger als Oberhaupt der Nyingma-Tradition, fast das Gegenteil sagen. Er war ein 'Macher', ließ fast verschollene, vergessene Texte sammeln, baute und restaurierte Klöster in Nepal und Tibet, ließ Hunderte eigener Schriften drucken und lehrte, wie auch Dudjom Rinpoche, in Tibet, Indien, Nepal, Bhutan, Sikkim und im Westen.

Schon von seinem Äußeren her war Dilgo Khyentse unverwechselbar. Man konnte ihn, sagte sein französischer Schüler und Übersetzer Matthieu Ricard, unter hundert Tulkus sofort erkennen. Er überragte andere Tibeter um zwei Kopflängen, war schwer und massig und fiel noch dadurch besonders auf, dass er, der Yogi, sich fast immer mit nacktem oder kaum bedecktem Oberkörper zeigte – ohne dass das im Geringsten anstößig wirkte. In seinem letzten Lebensjahrzehnt war er so schwer geworden, dass er nicht mehr allein laufen konnte und von zwei kräftigen Mönchen gestützt, ja geradezu geschleppt werden musste. Bei seinen Besuchen in Tibet wurde er über weite Strecken auf roh gezimmerten Sitzen und in Sänften getragen, und vier Träger mussten sich jede Viertelstunde abwechseln. Es gibt davon sehr beeindruckende Bilder, wie es denn nur wenige Lamas gibt, die auf Photographien und Videos derart präsent sind wie Dilgo Khyentse – Güte, Liebe und Weisheit spiegeln sich in seinem Gesicht.

Er wurde 1910 in eine reiche und einflussreiche Familie in Kham hineingeboren. Der Vater und beide Großväter waren Minister des Königs von Derge, des bedeutendsten von vielen Kleinfürsten in Osttibet. Die Familie wohnte in einem Palast mit über hundert Zimmern, besaß große Ländereien mit mehr als 10 000 Stück Vieh und pflegte enge Kontakte zu den umliegenden großen Klöstern. Auch die inkarnierten Lamas bedeutender Klöster waren damals große Herren mit oft riesigem Grundbesitz und Tausenden von Leibeigenen. Wir kennen diese Situation aus dem europäischen Mittelalter.

In Kham gab es in jener Zeit viele bedeutende buddhistische Gelehrte, und wenn man sich einmal die Herkunft auch zeitgenössischer Lamas anschaut, dann sieht man schnell, dass die meisten von ihnen in Kham geboren worden sind, so als gebe es dort einen unergründlichen Pool an spirituellen Begabungen. Man sagt, in Westtibet seien die heiligen Stätten wie der Berg Kailash – man wird erleuchtet durch den Segen des Ortes. In Zentraltibet sind es die großen Mönchsuniversitäten – man wird erleuchtet durch den Segen der Bücher; und in Osttibet leben die großen Meister – man wird erleuchtet durch den Segen des Buddha.

Die großen Klöster in Kham, wie Shechen mit 114 Zweigklöstern, Dzongsar, Dzogchen in Dege, Dhargye in Tehor und andere, sowie Hunderte von kleinen und Kleinstklöstern gehörten meist zur Nyingma-Tradition. Die Mönche bekamen dort ihre Grundausbildung. Wer aber die höheren Weihen der Philosophie suchte, musste nach Lhasa gehen und sich dort in einer der großen Mönchsuniversitäten der Gelugpas einschreiben. Dabei ist „gehen" hier wörtlich zu nehmen! Die Wanderschaft eines Mönches von Kham nach Lhasa, wie sie Geshe Rabten in seiner Biographie „Mönch aus Tibet" schildert, dauerte 3-4 Monate! Junge inkarnierte Tulkus reisten dagegen oft mit großem Gefolge, Hunderten von Pferden und Maultieren und viel, viel Geld, denn die Klöster erwarteten von ihnen große Spenden – sie mussten die armen Mönche mitfinanzieren.

Die Familie Dilgo war vor allem mit Jamyang Khyentse Wangpo und Jamgön Kongtrul aus dem Kloster Shechen verbunden, aber auch mit dem gleich berühmten und gelehrten Mipham Rinpoche, der nahebei in einer Einsiedelei lebte. Die Mutter von Dilgo Khyentse hatte ihn besucht, als sie schwanger war, und er hatte vorhergesagt, dass sie einen Jungen gebären würde und angedeutet, es werde ein ganz besonderes Kind sein. Er brachte es mit Manjushri, dem Bodhisattva der Weisheit, in Verbindung. Später, als das Kind etwa ein Jahr alt war, meinte er, es sei eine Reinkarnation von Jamyang Khyentse Wangpo, der inzwischen verstorben war und als eine Emanation von Manjushri angesehen wurde – aber für eine öffentliche Anerkennung sei es noch zu früh.

Viele Lamas drängten Dilgos Vater, das Kind in ein Kloster zu geben, es werde sonst möglicherweise früh sterben. Er weigerte sich, weil schon einer seiner Söhne gegen seinen Willen Mönch geworden und als Tulku eines Kagyü-Klosters inthronisiert worden war. Aber eines Tages fiel der kleine Junge in einen Kessel mit kochender Suppe, erlitt dabei schwere Verbrennungen und schwebte monatelang zwischen Leben und Tod. Verzweifelt fragte ihn sein Vater: „Was können wir tun, um dein Leben zu retten?" Und er antwortete sofort: „Ich möchte ein Mönch sein." Schon am nächsten Tag wurde ein Lama gerufen, um ihm die Haare zu scheren, und das Kind wurde schnell gesund. Es war damals zehn Jahre alt.

Wie Dudjom Rinpoche, war auch Dilgo Khyentse ein Ngakpa, ein Yogi ohne eigenes Kloster, kleidete sich in weiße Roben, trug sein Haar lang und im Nacken gebunden und war verheiratet. Im Exil hat er zwar das große Kloster Shechen in Kathmandu erbaut und auch dort gelebt, aber nicht als inkarnierter Lama – es war nicht sein persönliches Eigentum.

Er wurde in seiner Jugend von vielen Lamas unterrichtet, es sollen etwa fünfzig gewesen sein. Sein erster Lehrer war Khenpo Shenga, der in seinem Kloster in Kyerku ein College leitete. Morgens lernte das Kind Texte, nachmittags konnte es spielen. Eines Tages sagte der Khenpo zu Dilgo Khyentse, er solle ihm erklären, was die Natur des Geistes sei. Darüber meditierte er, und es erschien ihm, dass die Natur des Geistes leer und klar sei. Aber er selbst meinte, diese Erkenntnis sei eine Folge seiner Studien, wenn auch sein Lehrer glaubte, dies sei ein Beweis dafür, dass er schon in früheren Leben praktiziert habe.

Später brachten ihn seine Eltern in das Kloster Shechen nordöstlich von Derge, eines der sechs Hauptklöster der Nyingmapas entsprechend den sechs Unterschulen der Tradition – die anderen waren Mindrolling und Dorje Drag in Zentraltibet sowie Shechen, Dzogchen, Kathog und Palyul in Kham. In Shechen residierten damals drei weithin bekannte Lamas: Shechen Rabjam Rinpoche, der Abt des Klosters, dann Shechen Kongtrul, ein großer Meditationsmeister, der in einer Einsiedelei in der Nähe lebte, und Shechen Gyaltsab Rinpoche. Dieser Lama war der engste Schüler von Jamyang Khyentse Wangpo gewesen und lebte ebenfalls in einer Einsiedelei hoch über dem Kloster – er wurde der Wurzelguru des jungen Dilgo, der damals zwölf Jahre alt war.

Der Junge wohnte im Meditations-Zentrum des Klosters und blieb dort fünf Jahre lang. Gyaltsab Rinpoche erkannte ihn als Tulku an, ohne dass zunächst klar war, wessen Inkarnation er sei. Offenbar hat es diese Möglichkeit, gewissermaßen als Seiteneinsteiger als Tulku bestätigt zu werden, in Kham öfter gegeben. Es gab damals vier Tulkus, die als Inkarnationen von Jamyang Khyentse anerkannt waren. Sie waren Tulpas, die dem gleichen Bewusstseinskontinuum entstammten. Einer davon war Dzongsar Khyentse Chökyi Lodrö Rinpoche (1876-1959), der dem Guru von Dilgo sagte, er sei sich absolut sicher, dass dieses Kind die Inkarnation des Geistes seines eigenen Vorgängers sei – er selbst war die Inkarnation von dessen erleuchteter Aktivität. So wurde der junge Dilgo dann als die Reinkarnation des Weisheitsgeistes von Jamyang Khyentse Wangpo anerkannt und inthronisiert. Bei den Nyingmapas und auch den Kagyüpas werden häufig bis zu fünf Inkarnationen eines verstorbenen Lamas gefunden und auch offiziell anerkannt: Die Verkörperungen des Körpers, der Sprache, des Geistes, der Qualität und der erleuchteten Aktivität eines einzigen Meisters. Solche Inkarnationen sind etwa gleich alt, kennen sich auch untereinander, sterben aber zu verschiedenen Zeiten.

1926 starb sein Lehrer, noch relativ jung, im Alter von 55 Jahren. Dilgo Khyentse war damals erst sechzehn Jahre alt und zog sich zu seiner ersten Klausur in eine Höhle in der Umgebung seines heimatlichen Tales zurück. Sie dauerte sieben Jahre, in denen sein älterer Bruder zusammen mit einem Diener für ihn sorgte. Nahrungsmittel kamen von Zeit zu Zeit aus dem elterlichen Haus, das man in drei Stunden zu Pferde erreichen konnte, und seine Eltern besuchten ihn hin und wieder. Dilgo Khyentse blieb in seiner Höhle inmitten der Schneeberge und dichten Wälder, ohne sie jemals zu verlassen, und sprach in den ersten drei Jahren kein einziges Wort. Mäuse, die auf seinen Schoß kletterten, und kleine Vögel waren seine Gesellschafter – und viele Bücher. Er war nur mit einer Robe aus roher Seide bekleidet und einem weißen Schal. Sein langes schwarzes Haar fiel ihm über die Schultern und wärmte ihn – es gibt Fotos aus jener Zeit. Vor der Kälte schützte er sich durch die Erzeugung innerer Hitze (Tummo). Das ist eine Übung der „Sechs Yogas des Naropa", eine relativ leicht zu erlernende Technik, welche schon die jungen Mönche in den großen Klosteruniversitäten während ihres Studiums übten.[*)] Sie veranstalteten Wettkämpfe, wer in eisiges Wasser getauchte Tücher als erster an seinem nackten Körper trocknen konnte. Dilgo Khyentse saß in einer Art Kasten, der mit einem Bärenfell ausgeschlagen war und schlief darin im Sitzen – sieben Jahre lang! Sein Bruder war sein Klausurmeister und hielt ihn an, spirituelle Gesänge, Gedichte und Gebete zu schreiben. Sie füllten am Ende 1000 Seiten, die 1959 bei der Flucht vor den Chinesen alle verlorengegangen sind.

*) Vgl. Zu den „Sechs Yogas des Naropa", Glenn Mullin, Geheimlehren tibetischer Meditation, Grafing 2000

Ein solches Leben in der Einsamkeit ist nur im damaligen Tibet möglich gewesen, es gehörte zur religiösen Kultur des Landes. Für den westlichen Menschen der Gegenwart ist es absolut unvorstellbar, aus welcher Quelle die physische und vor allem die geistige Kraft kommen, als Heranwachsender so lange abgeschnitten von fast allen Kontakten nach außen zu leben. Alle Überlieferungen Tibets kennen die traditionelle Dreijahresklausur, in der die Praktizierenden – meist sind es nicht mehr als ein Dutzend – abgeschlossen in einem Haus auf dem Klostergelände oder in kleinen Häuschen in speziellen Zentren leben. In einer Klausur wird der Geist ausbalanciert. In den drei Jahren, drei Monaten und drei Tagen, die die Klausur dauert, haben sie nur Kontakt zu ihrem Guru und erschaffen sich eine neue, eine innere Welt – in einer Klausur wird der Geist ausgeglichen. Sie lernen nicht nur etwas über die Grundlagen der verschiedenen Meditationstechniken, sondern auch etwas über die eigene Kraft. Sie sammeln Kraft und richten sie auf ein Ziel – wie man anderen von Nutzen sein kann. Sie entwickeln Bodhicitta – Mitgefühl. Man kann aber auch irren, man kann alles falsch machen, immer wieder, in jeder neuen Klausur, wenn man entweder nicht die Kraft hat oder nicht die richtige Führung. Es gibt durchaus auch Beispiele, wo Praktizierende verrückt geworden sind. Der Umstand, dass ein Jüngling von sechzehn Jahren diesen Weg gegangen ist, ohne zu irren, dass er alles richtig machte und die Kraft sammelte, die ihm ein ganzes langes Leben geblieben ist, um anderen Menschen zu helfen, den Weg des Dharma zu gehen, lässt vermuten, dass hier die spirituellen Erfahrungen vergangener Leben zu einer frühen Reife gebracht worden sind.

Der Vorgänger von Dilgo Khyentse, Jamyang Khyentse Wangpo, war zusammen mit Jamgön Kongtrul Lodrö Thaye, den man auch den Großen nannte, ein Erneuerer des Buddhismus in Osttibet gewesen. Dreizehn Jahre war er durch ganz Tibet zu Fuß gewandert, um Tausende von Lehren zu sammeln und auf sich übertragen zu lassen, die fast vergessen und damit verloren waren.

Sie wurden zwischen 1830 und 1870 von den beiden Lamas in fünf großen Sammlungen geordnet und später veröffentlicht. Sie bewahrten mit unglaublicher Anstrengung ein riesiges geistiges Erbe vor dem Aussterben – denn ganze Übertragungslinien existierten schon nicht mehr – und gaben es an ihre Schüler mit allen Erklärungen und rituellen Ermächtigungen weiter.

Da diese Begriffe immer wieder vorkommen, sollen sie genauer erklärt werden. Es gibt drei Arten der Übertragung einer „Linie", das heißt einer Lehre, die in ununterbrochener Folge von Lehrer zu Schüler weitergegeben wird: Durch Vorlesen eines geschriebenen Textes, durch Initiation oder durch Segnung, wie beispielsweise beim Kalachakra-Tantra, und durch Erklärung durch den Lehrer. Manchmal reicht das Vorlesen aus, wenn es sich um Sutras handelt; aber bei tantrischen Lehren sind alle drei Arten der Übertragung erforderlich. Dabei wird der Schüler mit einer bestimmte Gottheit vertraut gemacht, zum Beispiel wie sie aussieht, wie man sie erkennt, wie man sie visualisiert und wie ihr Mantra heißt, das man rezitieren muss. Er wird durch ein Gelübde gebunden, die tantrische Lehre geheimzuhalten. Jede der tibetischen Schulen hat verschiedene Lehren und verschiedene Beschreibungen der gleichen Gottheit, die auch alle aufgeschrieben wurden, aber das reicht nicht aus, denn die Texte sind absichtlich in einer sehr vieldeutigen Sprache abgefasst worden. Durch die Übertragung wird der Schüler seinerseits zum „Linienhalter" und bekommt gleichzeitig die rituelle Ermächtigung, die tantrischen Praktiken durchzuführen und/oder die Lehre weiterzugeben. Natürlich wird er sich auch, wenn möglich, in den Besitz des geschriebenen Textes setzen.

Nach seiner ersten Klausur von sieben Jahren zog sich Dilgo Khyentse nach einiger Zeit in eine andere Höhle für eine weitere Einkehrzeit zurück, die drei Jahre dauern sollte. Eines Tages wurde er ernstlich krank, und seine Lehrer meinten, es sei nun besser für ihn, eine Gefährtin zu nehmen. Er sei ein Tertön, sagten sie, und um seine Aufgabe zu erfüllen, benötige er die Verbindung zu den Dakinis. Ohne eine Gefährtin werde er möglicherweise nicht lange leben und sei dann nutzlos gewesen, da er seine Mission nicht erfüllt habe. So nahmen die Lamas – auch das ist heute unvorstellbar – ein einfaches Bauernmädchen vom Feld weg mit zu der Höhle des Rinpoche. Irgendwie muss sie aber den Lehrern bekannt gewesen sein, denn man sagt, es sei prophezeit worden, dass der Rinpoche dieses Mädchen zur Frau nehmen werde. Obwohl ihm überhaupt nicht der Sinn danach stand, fügte sich Dilgo Khyentse dem Wunsch seiner Lehrer und wurde schnell wieder gesund. Seine Fußabdrücke in den Felsen in der Nähe seiner Höhle zeugen heute noch von seiner Anwesenheit. Er war 28 Jahre alt, als er diese Klausur beendete.

Sein zweiter Guru wurde jetzt Dzongsar Khyentse Chökyi Lodrö, der gleiche Lama, der in ihm eine Inkarnation seines eigenen Vorgängers erkannt hatte. Der junge Rinpoche verbrachte jeden Sommer bei seinem Lehrer im Kloster Dzongsar und bekam von ihm und anderen Lamas viele Belehrungen und Ermächtigungen. Nach einigen Monaten erklärte er seinem Guru, dass er nun wieder in eine neue Klausur und dieses Mal bis zum Ende seines Leben gehen wolle. Auch Jamyang Khyentse Wangpo hatte sich im Alter von vierzig Jahren in eine Einsiedelei zurückgezogen und war dort zweiunddreißig Jahre lang, bis zu seinem Tode, geblieben! Aber sein Lehrer blieb hart und ließ ihn nicht gehen: „Dein Geist und meiner sind eins. Die Zeit ist für dich gekommen, die unzähligen wertvollen Lehren, die du bekommen hast, auf andere zu übertragen."

Aus jener Zeit gibt es Berichte, die zeigen, dass der junge Rinpoche Eigenschaften besaß, die wir als übernatürlich betrachten. Sind sie aber nicht eher völlig natürliche Phänomene, Potenziale, die durch das geistige Training eines Meisters zur Entfaltung gebracht werden? Völlig normale Erscheinungen, wenn sich jemand intensiv mit der Natur des Geistes beschäftigt?

So besuchte der Rinpoche eines Tages das Haus von Verwandten. Sein Neffe hatte den üblen Ruf, viele Tiere auf der Jagd getötet zu haben, und seine Tante fragte ihn, was man denn in diesem Falle tun könne. Dilgo Khyentse ließ sich das Gewehr des jungen Mannes geben und hauchte seinen Atem in den Lauf, nachdem er ein Mantra gesprochen hatte – und nie wieder konnte ein Schuss daraus abgefeuert werden. Das führte dann dazu, dass die Nomaden, deren Lager der Rinpoche oft besuchte, ihre Gewehre vor ihm versteckten, aus Furcht, er könne sie unbrauchbar machen. Einmal besuchte er andere Verwandte, deren großer Hund oft in den Schaf- und Ziegenherden der armen Nomaden wilderte. Weil er der mächtigen Dilgo-Familie gehörte, wagte es niemand, den Hund zu töten. Rinpoche hörte sich diese Geschichte an. Dann drehte er einen Ball aus Tsampa (geröstetes Gerstenmehl mit Buttertee vermischt) und warf ihn dem Hund zu. Der schnappte nach dem Ball, fraß ihn auf – und wilderte nie wieder. Eines Tages lief der Klausurmeister des Rinpoche weg, weil er meinte, er habe ihm nicht gut genug gedient. Er wanderte einen ganzen Monat umher und verbarg sich schließlich in eisiger Einöde in einem Nomadenlager. Da kam eines Tages der Rinpoche in das Lager geritten, stieg geradewegs vor dem Zelt des Mönches vom Pferd, rief ihn heraus und befahl ihm, zurückzukommen, es sei alles in Ordnung. Niemand konnte dem Rinpoche den Weg gezeigt haben, denn niemand wusste, wo der Mann sich versteckt hatte.

Später hielt er sich im Kloster Rekong in Amdo, nahe dem Kokonor, für ein Jahr auf und gab dort zunächst vier Monate lang Ermächtigungen für 1900 Yogis. Es war sein erstes öffentliches Auftreten. Als er dort angekommen war, beklagte er sich, dass ihm seine Pferde gestohlen worden seien. Einige Yogis meinten, er solle sich nicht sorgen, sie würden sich um die Angelegenheit kümmern. Und siehe da, eines Tages erschienen die Diebe und brachten die Pferde zurück. Ihnen sei seit dem Diebstahl alles schief gegangen, klagten sie, sie hätten nur Probleme gehabt und einige von ihnen seien sehr krank geworden. Es heißt auch, dass in jenem Jahr, das der Rinpoche in Amdo verbrachte, oft Regenbögen gesehen wurden und Schneeflocken, die wie Blumen langsam vom Himmel schwebten.

Obgleich Dilgo Khyentse nie ein durchgehendes Philosophiestudium an einer Klosteruniversität absolviert hatte, besaß er doch, so sagte Matthieu Ricard, ein unglaubliches philosophisches Wissen, das dem eines gelehrten Khenpo oder Geshe absolut gleichwertig war. Er konnte nicht nur tantrische Initiationen geben, wofür er auch außerhalb seiner eigenen Tradition bekannt war und wie man es von einem Yogi vielleicht erwarten durfte, er war zudem nicht nur der Linienhalter vieler und oft seltener Lehren, sondern er war auch in der Lage, sämtliche philosophische Texte ausführlich zu erklären. Es reicht sicher nicht aus, den enormen Fundus an philosophischem Wissen, den Dilgo Khyentse besaß, nur seinen Lehrern zuzuschreiben, die alle große Gelehrte waren. Er muss wie ein Schwamm alles Wissen in kürzester Zeit in sich aufgesogen haben, und das wiederum setzt eigentlich Potenziale voraus, welche die Frucht früherer spirituell aktiver Leben waren. Wer nicht an eine Wiedergeburt glaubt, mag dann allenfalls von einem Genie sprechen. Das gilt genauso auch für die anderen Meister, über die in diesem Buch berichtet wird.

Der Dalai Lama schreibt in seinem bewegenden Vorwort zu dem Buch „Das Licht Tibets“ von Matthieu Ricard, er habe klare Visionen gehabt über seine spezielle karmische Verbindung mit Dilgo Khyentse. Tiefe geistige Erfahrungen, die logische Erklärungen überschreiten, kann man, so schreibt er, nicht leicht mit Worten erklären: „Es hängt von der Inspiration und dem Segen ab, den ein Schüler von der spirituellen Linie seines Lehrers erhalten hat. Deshalb wird im Vajrayana so viel Wert auf die Praxis des Guru-Yoga – die Einheit mit der Natur des Lehrers – gelegt.“ Lamas wie Dilgo Khyentse sind und bleiben ein Mysterium. Sie sind Archetypen eines geistigen Lebens, deren innere Reise sich aus Liebe, Weisheit und Mitgefühl speist. Wie glücklich können sich Schüler schätzen, die den Segen dieser Lamas empfangen durften.

Als die Chinesen Kham besetzten, flüchtete Dilgo Khyentse mit seiner Familie nach Lhasa, wo seine Mutter und sein ältester Bruder starben, als dort eine Epidemie ausbrach. Seine wertvollen Bücher und gesammelten Schriften hatte er in Kham zurücklassen müssen. Von Lhasa flüchtete er ein halbes Jahr später nach Bhutan und verlor unterwegs den Rest seiner Habe. Er ging den ganzen Weg zu Fuß – er war damals 49 Jahre alt – und überließ seinen wenigen schwächeren Begleitern die Reittiere.

In Bhutan wurde der Rinpoche sehr schnell berühmt, obwohl er keinen besonderen Rang in der religiösen Hierarchie inne hatte. Dort schöpfte er sein ganzes Potenzial aus, um andere Menschen zum Dharma zu führen. Das ganze Jahr über zog er mit einem kleinen Tross von Lamas und Laien durch das kleine Land, und wo immer er Station machte, strömten die Menschen zusammen, um ihn zu hören und seinen Segen zu erbitten. Er blieb gewöhnlich etwa einen Monat am gleichen Ort. Tag und Nacht wurden Rituale in wunderschönen alten Tempeln, inmitten von Wäldern und Reisfeldern, zelebriert, die von sakraler Musik und uralten heiligen Tänzen begleitet wurden. Aber der Rinpoche reiste nicht wie ein großer Herr, sondern blieb demütig und ohne Stolz auf sein Wissen. Niemals sagte er etwas Negatives, Diskriminierendes über andere Menschen, das sie hätte verletzen können. Der König von Bhutan und ein einfacher Bauer galten ihm gleich viel, er widmete beiden so viel Zeit und Mühe, wie es jeweils erforderlich war. Einmal schickte er urplötzlich einen seiner Schüler in den Königspalast und gab ihm das Bild einer Gottheit mit. Der König solle dieses Bild am nächsten Tag bei sich tragen. Das war der Tag, an dem der Jeep des Königs mit ihm und seinen Begleitern in einen Abgrund stürzte. Nur der König überlebte den Unfall!

Dilgo Khyentse war, wie sein Vorgänger, ein Schatzsucher. Er galt als die Wiedergeburt des Königs Trisong Detsen, eines Schülers von Padmasambhava. Die meisten Termas, die der Rinpoche gefunden hatte, waren Weisheits-Schätze, die im Geist des Tertöns erscheinen. Man nennt das die „Kurze Linie der Übertragung" im Gegensatz zur „Langen mündlichen Überlieferung" über die Jahrhunderte hinweg. Einmal hatte er eine Vision und sah das komplette „Mandala des Buddhas des Ewigen Lebens" auf der Oberfläche eines Sees in Bhutan. Darauf schrieb er einen ganzen Band dieser tantrischen Lehren auf. Er hielt sich auch oft am Tigernest auf, jenem Ort, den auch Dudjom Rinpoche oft besucht hatte. Dort erschien ihm der zu seiner Zeit berühmte Tertön Jigme Lingpa, der im 18. Jahrhundert gelebt hatte. Er hatte ein Buch in sein langes Haar eingebunden und legte seine Hand auf Rinpoches Kopf: „Du bist der Erbe meiner Lehre – mach mit ihr, was du willst", sagte er und gab ihm das Buch. Darin war die „Heart essence of the vast space" oder „Longchen Nyingthig" verzeichnet, eine berühmte Sammlung tantrischer Lehren der Nyingmapas, die der Tertön einst zusammengestellt hatte.

Nach 1980 wurde dieser unermüdlich umherziehende Yogi endlich so etwas wie sesshaft. Seine Frau – die heute in Bhutan lebt – und seine Schüler baten ihn, in Nepal ein kleines Kloster als den künftigen Sitz seines Enkels Rabjam Rinpoche zu bauen. Rinpoche überlegte eine Weile und lachte dann laut: „Nein, es wird ein möglichst großes Kloster werden!" Der Bau dauerte zwölf Jahre. Fünfzig Steinmetze, Gold- und Silberschmiede, Schneider, Maskenmacher, Maurer – alles Schüler des Rinpoche – kamen aus Bhutan, Tibet und Indien zusammen. 1150 große und kleine Statuen wurden angefertigt – ausgehöhlte Formen, die mit Reliquien wie Haaren, Knochen und Kleidungsteilen, mit Papieren, auf die Mantras geschrieben waren, mit getrockneten Blumen und Heilpflanzen von heiligen Orten, Edel- und Halbedelsteinen aufgefüllt wurden. Nicht zu vergessen die Masken und Kostüme, die dort neu geschaffen und damit dem nahen Vergessen entrissen worden sind – denn es gab schon damals nicht mehr viele Menschen, die sich genau erinnern konnten, wie denn dies alles einmal genau ausgesehen hatte. Die hohe Kunst der heiligen Tänze wurde hier wiederbelebt.

Das weitläufige Kloster liegt etwas versteckt in Boudnath, dem tibetisch geprägten Quartier im Osten von Kathmandu. Heute leben dort 245 Mönche, die alle von Dilgo Khyentse selbst ordiniert worden sind. Angeschlossen sind eine Schule für Kunst und Tanz, in der tibetische Schauspiele und Tänze aufgeführt werden, eine große Ambulanz, in der alle Patienten umsonst behandelt werden und eine Druckerei. Man kann wohl ohne Übertreibung sagen, dass Dilgo Khyentse in diesem Kloster die Fülle der tibetischen religiösen Kultur wieder hat erstehen lassen. Es ist ganz das Werk des Rinpoche, aber er war nicht der inkarnierte Lama und hat sich nie um die Administration gekümmert. Er hatte überhaupt keine Beziehung zu Besitz und Geld. Und doch hat er sich hier vielleicht einen Traum erfüllt: Sein geliebtes Kloster Shechen, das weitgehend zerstört war, in der Freiheit größer und schöner wiederaufzubauen und seine uralte Tradition fortzuführen.

Der Abt des Klosters Shechen, Tennyi Dargyeling, ist heute Rabjam Rinpoche (Jahrgang 1966), der schon früh zum geistigen Erben von Dilgo Khyentse bestimmt und entsprechend erzogen und ausgebildet wurde. Nach einer Vision seines Großvaters ist er die Reinkarnation aller drei Lehrer von Dilgo Khyentse im Kloster Shechen in Tibet in einer Person. Auch der Vorgänger von Dilgo Khyentse war die Reinkarnation von drei Tulkus verschiedener Traditionen – ein Tulpa. Dies ist ein relativ seltenes Ereignis im tibetischen Tulku-System und vielleicht etwas unorthodox. Es gibt auch fünf verschiedene Reinkarnationen von Dilgo Khyentse selbst, die von verschiedenen Lamas gefunden wurden, aber nur eine von ihnen hat der Dalai Lama bestätigt. Das hat es öfter gegeben. Meistens nahm man einen und vergaß die anderen. Auch bei der Reinkarnation von Dudjom Rinpoche war es nicht anders.

Nur bei den Panchen Lamas gab es eine Ausnahme von dieser Regel: Die Kandidaten, die nicht als Reinkarnation des Panchen Lama anerkannt worden waren, erhielten gleichwohl einen Rang als Tulkus, begründeten also eine neue Tulku-Linie.

Der Rinpoche war ein begeisternder Lehrer. „Wenn er lehrte", sagte uns Matthieu Ricard, der seit 1972 ständig im Himalaya lebt und zwöf Jahre ununterbrochen mit dem Rinpoche zusammen war, „dann brach es aus ihm heraus wie ein Fluß daherströmt, ohne Pause, ohne Zögern, als würde er aus einem unsichtbaren Buch ablesen. Was er sagte, war immer genau dem Verständnis und dem Bedürfnis seiner jeweiligen Zuhörer angepasst. Er sprach genau in der Zeitspanne, die zur Verfügung stand.

Mit seinen engsten Schülern war er sehr streng, oft aus nicht ersichtlichem Grund, obgleich er normalerweise voller Liebe war. Diese Strenge zeigte dem Schüler, dass er nicht mehr so recht auf dem Wege war. Irgendwie kam es von den Wurzeln, denn oberflächlich gesehen war rein gar nichts verkehrt. Aber der Rinpoche wusste ganz genau, wessen jeder einzelne Schüler in einem bestimmten Moment seiner Praxis bedurfte. Wenn er jemanden auf den Weg zurückführen musste, dann machte er das wie ein Zahnarzt, der einen Zahn ziehen und dabei dem Patienten weh tun muss, sich aber bemüht, es schnell und geschickt zu tun. So machte es auch der Rinpoche – er wusste genau, ohne zu überlegen, wann und wie er einem Schüler einen Zahn ziehen musste. Dabei ging er mit Neulingen ganz anders um und war nur nett und liebevoll mit ihnen, wie Honig."

Den ganzen Tag waren Leute um ihn herum, er war nie allein und wurde nie müde. Er schrieb ständig etwas auf, selbst bei Belehrungen. Jeder andere wäre bei dem ganzen Trubel vielleicht reizbar geworden. Aber der Rinpoche fand das alles auch im hohen Alter ganz normal und zeigte keinen Anflug von Stimmungsschwankungen oder gar Launen.

Er war wie ein Vater zu allen, die zu ihm kamen und um Rat fragten und war von morgens bis spät abends für alle zu sprechen. Selbst wenn er aß, gab er Ratschläge und teilte sein Essen mit dem Besucher. Der Rinpoche strömte eine ganz natürliche, ganz enorme Kraft aus. Nicht nur seine mächtige Gestalt verdeckte alles andere. „Es war", sagt Ricard, „als ob der Sonnenschein die Sterne verdeckt. Er war wie ein Berg." Er hat nichts gelehrt, was er nicht auch praktiziert hatte. Keine Theorien, nur die Erfahrungen eines langen Lebens.

Nach dem Tod von Ling Rinpoche, im Jahre 1983, war Dilgo Khyentse der einzige Lehrer des Dalai Lama, dem er eng verbunden war und dem er Dzogchen-Lehren und sehr seltene Lehren der anderen Traditionen übertragen hat. Beide Lamas warfen sich voreinander nieder, wenn sie sich trafen. Der Rinpoche war sehr schwer, im wahren Sinne des Wortes schwer-fällig, und der Dalai Lama war immer schneller und lachte dann laut. Sie waren, so wird erzählt, sehr glücklich miteinander und blieben manchmal zwei oder drei Wochen zusammen. Sie trafen sich morgens um 9 Uhr, tranken Tee, gaben sich Belehrungen, redeten über Tibet, über die alten Meister und tranken wieder Tee. Diese Freundschaft, dieser gegenseitige Respekt müssen für alle, die das erleben konnten, sehr beglückend gewesen sein. Wir waren einmal zufällig zugegen, als der Dalai Lama den Rinpoche in seiner Residenz in Dharamsala verabschiedete und haben nicht vergessen, wie liebe- und zugleich respektvoll Seine Heiligkeit ihm in den Wagen half.

Das war nur ein Teil der Aktivitäten von Dilgo Khyentse. Für ihn war es ein Herzensanliegen, wie sein Vorgänger die religiöse Tradition Tibets auch und gerade im Exil zu bewahren. Es gab für ihn keine unterschiedliche Wertung der verschiedenen Schulen. Für ihn war die Essenz aller Lehren absolut gleich, und er gab damit den Anstoß zu einer Erneuerung der „non-sectarian" oder „Rime"-Bewegung. Sie war im vorigen Jahrhundert in Osttibet aufgekommen und propagierte eine synkretistische Sicht der verschiedenen Traditionen des Tibetischen Buddhismus. „Nonsectarian" ist heute fast ein Schlag- und Modewort unter vielen Lamas geworden. Tendzin Choegyal, der Bruder des Dalai Lama, meinte uns gegenüber allerdings, dass man eigentlich in früheren Zeiten nicht von Sekten in Bezug auf die verschiedenen Traditionen sprechen konnte, denn diese entwickelten sich nacheinander und bezogen sich jeweils auf die Lehren der vorher bestehenden Schule. Es habe eigentlich keinen Grund gegeben, eine besondere „nicht-sektiererische" Bewegung zu postulieren.

Dilgo Khyentse machte das gleiche wie seine vorige Inkarnation. Er besuchte alle Klöster, erhielt die Übertragungen aller Lehren, gleich welcher Richtung, und gab sie an den Dalai Lama und seine eigenen Schüler weiter, wenn sie dies denn wollten und dazu würdig waren. Die Gefahr, dass das buddhistische Erbe verlorengehen könnte, war seine größte Sorge und der Grund dafür, dass er die Lehren nicht nur einigen Auserwählten weitergab. Von den 60er Jahren an sammelte er alle Texte, deren er habhaft werden konnte. Viele von ihnen hatten die Flucht nur in ein oder zwei Kopien überdauert. Er schickte von Nepal aus junge Lamas auch zu Linienhaltern in Tibet, denn wer einen nepalesischen oder bhutanesischen Pass besaß, konnte ohne große Schwierigkeiten einreisen. Er sagte ihnen: „Geht dorthin, lasst euch die Belehrung und die Ermächtigung geben und bringt sie zurück." Dann ließ er die Lehren seinerseits auf sich übertragen. „Nichts darf verlorengehen", sagte er wieder und wieder, „wir müssen aufpassen und rechtzeitig zur Stelle sein." So wusste er zum Beispiel, dass in Samtog, an der Grenze zu China in Osttibet, ein alter Lama lebte, der als einziger noch eine bestimmte Übertragung zum Kalachakra-Tantra hielt, einen Kommentar von eintausend Seiten. Der Lama hatte sie, wie andere vor ihm, letztlich von dem erhalten, der diesen Kommentar geschrieben hatte. Rinpoche schickte einen seiner Lamas nach Samtog, der sich den Text vorlesen ließ – er bekam ihn wohl später auch ausgehändigt – und die Ermächtigung erhielt, ihn an den Rinpoche weiterzugeben. In Shechen sind im

Laufe der Jahre vierhundert Bände alter Texte neu gedruckt worden, die praktisch vergessen waren. Siebzig Bände davon sind bereits in Computer eingegeben worden, eine immense Arbeit. Das war vielleicht auf lange Sicht gesehen eine der größten Leistungen von Dilgo Khyentse – die Bewahrung der Tradition.

Als er zum Oberhaupt der Nyingmapas gewählt wurde, hat sich für ihn überhaupt nichts geändert. Er war persönlich absolut anspruchslos, ihm genügte ein Platz irgendwo zum Schlafen, und große Hotels kamen für ihn nicht infrage, wenn er auf Reisen war. Dieser außergewöhnliche Mensch war ein lebendes Beispiel für das, was am Ende des spirituellen Pfades liegt, und die größtmögliche Inspiration für jeden, der sich auf den Weg zur Erleuchtung begibt. Wir haben andere Lamas gefragt, ob es wohl heute noch solche großen Meister gibt, aber als Antwort nie ein klares „Ja, gewiss doch“ gehört.

Lassen wir Matthieu Ricard, den französischen Intellektuellen, Philosophen, Buchautor und Mönch sprechen, der in beiden Welten zu Hause ist – der westlichen wie der östlichen: „Mit einem Menschen wie Rinpoche kann man alles lernen: Debattieren, jede Klausur, jede Praxis gelingt ganz einfach. Es wird die beste Praxis, die beste Klausur, die beste Debatte. Mit so einem Lehrer ist Lehre nicht nur zweckbestimmt und zielgerichtet. Jeder Augenblick, den man mit ihm zusammen ist, bedeutet Lehre, Belehrung und ist ein Geschenk. Wenn man intensiv lernt, lässt die Konzentration unmerklich nach, und die Gedanken wandern ab, schlagen einen Seitenpfad ein, ohne dass man es richtig wahrnimmt. Mit Rinpoche lernte man in jedem Moment ganz hingegeben, ganz konzentriert, aber ganz leicht. Dadurch wird verhindert, dass man abweicht, sich seine eigene Sicht zurechtlegt, ohne zu merken, wie weit man vom Pfad, den der Lehrer einen führen will, abgewichen ist. Ein Lehrer wie Rinpoche wirkt dann wie ein Magnet, der einen zurückzieht, bis man sagt: „Oh, wo bin ich hingeraten, habe ich geträumt?“ Niemand wird von so einem Lehrer gezwungen, etwas zu tun, was ihm unmöglich ist. Man wird ja nicht in wenigen Jahren erleuchtet, man wird nicht in wenigen Jahren alle geistigen Gifte los. Er wird Sie so führen, dass Sie das Beste erreichen, das Ihnen und nur Ihnen möglich ist."

Der Rinpoche gab natürlich auch Belehrungen außerhalb seines Klosters, so 1979 vor einhundertzwanzig Tulkus eine viermonatige Initiation über Termas im Kloster Mindrolling in Dehra Dun, die er noch viermal wiederholen musste. Insgesamt elfmal hat er später in Tibet den ganzen Kanjur – wir sagten schon, dass man zwei Monate dazu braucht, die 103 Bände vorzulesen – für Laien übertragen. Er lehnte nie ab, wenn er um lange Belehrungen gebeten wurde, immer entsprechend seinem Credo, dass die Tradition unter allen Umständen erhalten bleiben müsse. Als er schon ziemlich alt war und seine Schüler ihn baten, sich mehr zu schonen, da lachte er nur und meinte: „Und wenn mein Kopf abfällt, ich werde nie ablehnen, wenn mich jemand um eine Belehrung bittet."

So ging er denn auch 1975 in den Westen, in die USA, und reiste später noch mehrmals dorthin und nach Europa. Am liebsten war er in der Dordogne, wo er seine europäische Residenz in dem Meditations-Zentrum „Shechen Tennyi Dargyeling" in La Sonnerie hatte. Dilgo Khyentse hat nirgendwo selbst ein Zentrum gegründet. Er kam, wenn er eingeladen wurde, aber hat von sich aus keine Pläne gemacht, irgendwo hinzugehen oder wiederzukommen. Er wurde eingeladen, kam und ging wieder. Damals war er keineswegs hundertprozentig davon überzeugt und nicht gerade enthusiastisch, den Dharma in die Hände des Westens zu legen. Für ihn war der Dalai Lama selbst die einzig richtige Person, den Dharma im Westen zu erklären, aber er glaubte nicht – und damals wohl keiner der großen Lamas –, dass der Westen das Erbe Tibets, die ganze Tradition, aufnehmen und integrieren könnte. Auch der Dalai Lama hat öfter gesagt: „Für die nächsten einhundert Jahre wird es im Westen nicht ohne unsere tibetischen

Lamas gehen!" Er meinte damit, dass vorher die ganze Fülle der tibetischen Texte nicht in westliche Sprachen übersetzt sein würde. Der Rinpoche freute sich über den Erfolg der Zentren im Westen, aber er stellte schon damals die Frage, wer denn dort jahrelang mit Erfolg ein Retreat machen könne oder wer den ganzen Tag über sich seiner Meditationspraxis widmen könne. Er hatte Bedenken, dass die westlichen Schüler die Konzentration und die völlige Hingabe, welche die Dharma-Praxis erfordert, nicht durchhalten könnten, weil sie von ihrem Alltag zu sehr abgelenkt würden. Es könnten immer nur Einzelne sein, die sich ganz ihrer Praxis widmen würden, meinte er zu Recht.

Matthieu Ricard war als Übersetzer bei der zweiten Westreise dabei und erzählt, dass die Lehrweise des Rinpoche so speziell war wie ein Fluss, der nie aufhört zu fließen. Er redete manchmal eine halbe Stunde, ehe der Übersetzer etwas sagen konnte. Es war die reine, traditionelle Lehre, ihn interessierte die andere Kultur, der christliche Hintergrund seiner Zuhörer, überhaupt nicht. Aber trotzdem war es ungemein inspirierend und nicht in der schulmeisterlichen Art, zu reden wie manche alten Geshes. Er hatte eine unglaubliche Präsenz, auch rein physisch, durch seine mächtige Statur. Ähnliches kann man auch bei Belehrungen des Dalai Lama beobachten, eine Präsenz, ein Da-Sein, das vergessen lässt, dass man keineswegs alles verstanden hat. Wenn das Dabei-Sein aber einen Sinn machen soll, muss man sich wenigstens nachträglich um ein tieferes Verständnis der fundamentalen Lehren des Dharma bemühen.

Dilgo Khyentses schriftlicher Nachlass umfasst etwa fünfundzwanzig Bände, niemand hat geahnt, auch aus seiner engsten Umgebung nicht, dass er so groß sein werde. Fünf oder sechs Bände enthalten niedergeschriebene Visionen (Termas), die anderen Kommentare, Geschichten, Lieder, Gesänge und Gedichte. Es dauerte drei Jahre, sie in den Computer zu übertragen und zu korrigieren, ehe sie dann schließlich gedruckt werden konnten.

Im Gegensatz zu vielen anderen Lamas war Dilgo Khyentse davon überzeugt, dass der Dharma auch in Tibet wieder blühen würde. Als Dzongsar Khyentse Rinpoche hörte, dass sein Schüler unversehrt nach Bhutan gelangt war, soll er spontan ausgerufen haben: „Nun habe ich keine Sorge mehr um das Weiterleben des Dharma." Er ist 1959 kurz nach seiner Flucht in Sikkim gestorben und 1961 wiedergeboren worden. Als seine Reinkarnation in Gangtok inthronisiert wurde, holte Dilgo Khyentse das Kind an der Grenze zu Sikkim mit dem Auto ab und hielt es während der ganzen langen Fahrt auf dem Schoß. Der Rinpoche weinte die ganze Zeit und meinte später, er habe aus Freude und Hingabe geweint, weil er immer den Vorgänger des Kleinen vor sich gesehen habe. Später warf er sich stets vor dem Jungen nieder, wann immer er ihn nach einer längeren Abwesenheit traf. Der Lama lebt heute in Bir (Nordindien).

Dzongsar Khyentse hat Recht behalten. Speziell in Amdo und Kham gibt es wieder Zentren buddhistischen Lebens, blühende Klöster mit bis zu dreitausend, in einem Fall – in Golok Serta in Amdo – sogar mit siebentausend Mönchen und Nonnen. Hier gibt es allerdings derzeit erhebliche Probleme mit den chinesischen Behörden, die monastische Institutionen dieser Größenordnung nicht tolerieren. Ebenfalls in Amdo gibt es wieder ein Ngakpa-Kloster mit dreihundert Yogis. Im Ganzen sind etwa siebenhundert bis achthundert Klöster in Amdo und den benachbarten chinesischen Provinzen wieder aufgebaut worden, finanziert mit zweistelligen Millionenbeträgen in Dollar aus dem westlichen Ausland. Der Mangel an qualifizierten Lehrern, und dadurch mitbedingt eine schlechte monastische Disziplin, sind das große, zur Zeit kaum lösbare Problem aller dieser Klöster.

Dilgo Khyentse hat auch hier seinen Teil dazu beigetragen. Er war dreimal in Tibet, zum ersten Mal 1985. Unter ungeheurer Begeisterung der Tibeter kehrte er nach Shechen in Tibet zurück, das weitgehend zerstört war, und besuchte auch noch viele andere

Klöster. Als er am Fuß des Dzongsar Klosters ankam, erschien plötzlich ein leuchtender Kranz um die Sonne.

Er lehrte die Menschen, dass ihr Mitgefühl auch den Fremden und denen, die ihnen feindlich gesonnen seien, gelten müsse. Aber das wichtigste Ergebnis dieser und der folgenden Reisen war ganz sicher, dass er die Mönche in seiner Heimat durch die Übertragungen und Ermächtigungen, die er ihnen gab, wieder in ihre lange unterbrochene spirituelle und rituelle Tradition einbinden konnte, ganz im Sinne seiner Sorge um den Erhalt des Dharma nach der Katastrophe, die 1959 über Tibet hereingebrochen war.

1985 bat er die Chinesen um die Erlaubnis, den Haupttempel von Samye in der Nähe von Lhasa, dem ersten Kloster in Tibet, das Padmasambhava gegründet hatte, wiederaufbauen zu dürfen. Er bekam die dazu notwendigen Gelder direkt aus Peking sowie eine große Spende des Königs von Bhutan. Fünf Jahre später konnte er den Tempel feierlich einweihen. Im Laufe der Jahre verwendete er viel Zeit, Mühe und Geld darauf, den Tibetern zu helfen und Tempel, Klöster und Studienzentren wieder aufzubauen. Jetzt gibt es in Shechen in Tibet wieder ein Kolleg mit über hundert Studenten, auch die Klöster Dzongsar und Derge sind wiederaufgebaut worden. Inzwischen hat das Kloster Shechen (Nepal) auch sechs Kliniken in Kham errichtet, vier Schulen, ein Altersheim und andere Einrichtungen. Achtzig Prozent der Einkünfte des Klosters in Nepal gehen dorthin, und es ist heute die Aufgabe von Matthieu Ricard, sich um die Aktivitäten in Tibet zu kümmern. Hier wird ein anderes Erbe von Dilgo Khyentse deutlich – die Verpflichtung, nicht nur die Tradition zu bewahren, sondern ganz einfach den Menschen zu helfen. Auch dies sollte ein Beispiel sein; denn die Sorge für die Laien ist bei den großen Rinpoches im Exil nicht immer sehr ausgeprägt.

1991 zeigte der Rinpoche erstmals Zeichen einer Krankheit, die kam und ging. Er verlor immer mehr an Gewicht und benötigte immer längere Ruhepausen. Einige Male hat er präzise sein

Todesdatum vorhergesagt, zuletzt eine Woche vor seinem Tode. Er hat es aufgeschrieben und auch einigen Mönchen mitgeteilt. Er starb am 27.9.1991 in Bhutan und blieb drei oder vier Tage in der Todesmeditation. Seine Schüler haben keine Zweifel, dass der Rinpoche schon lange vor seinem Tod erleuchtet war. Sein Leichnam wurde einbalsamiert und ein Jahr später in Bhutan, in Anwesenheit von 50 000 Menschen und der Königsfamilie, unter feierlichen Zeremonien verbrannt.

„Alles, was mir bleibt“, sagte Matthieu Ricard bewegt am Ende unseres Interviews, „ist zu praktizieren. Und meine einzige Sorge ist, ob ich richtig praktiziere. Ich kann nicht einmal im Traum daran denken, einen solchen Lehrer noch einmal zu bekommen, solche Lehren, wie ich sie jeden Tag von ihm empfangen habe. Ich spüre, dass Rinpoche um mich ist. Wenn ich in Klausur bin, spüre ich seine körperliche Nähe und fange an zu weinen, ganz seltsam.“ Dilgo Khyentses Leben war, wie es in dem schönen Video über sein Leben heißt, eine endlose Opfergabe für andere, die vielen Menschen den Weg zur Erleuchtung zeigte.

Der älteste Schüler von Dilgo Khyentse ist Trulshik Rinpoche, der in einem isolierten Kloster in der Nähe des Mt. Everest lebt. Er hatte nach dem Tod seines Lehrers immer wieder Träume und Visionen, die dessen Wiedergeburt anzeigten, behielt sie aber zunächst für sich. Später schrieb er nach einer weiteren Vision ein vierzeiliges Gedicht auf, das in verschlüsselter Form das Jahr der Geburt der Reinkarnation von Dilgo Khyentse, den Namen seiner Eltern und den Ort, wo man ihn finden werde, enthielt. 1995 wurde das Gedicht veröffentlicht und die Reinkarnation entsprechend gesucht und gefunden.

Das Kind – es heißt Urgyen Tendzin Jigme Lhundrup – wurde im Juni 1993, am Geburtstag Padmasambhavas, als Sohn eines Nyingma-Tulkus geboren und vom Dalai Lama als die Wiedergeburt von Dilgo Khyentse bestätigt. Trulshik Rinpoche inthronisierte den kleinen Tulku – auch er ein Yogi, die schwarzen Haare zu einem kleinen Zopf gebunden – in Ostnepal, an einem Ort, der Padmasambhava heilig war. Er lebt heute teils in Bhutan, teils im Kloster Shechen in Nepal.

Quellennachweise:

Andreas Gruschke, Dokumentarfilm des ZDF 2002

Interview mit Lama Matthieu Ricard im Kloster Shechen in Kathmandu/ Nepal, am 24.9.2001

Interview mit Barbara Maybach, Sekretärin im Kloster Shechen in Kathmandu, am 23.9.2001

Choe Yang: Interview with Dilgo Khyentse Rinpochey in: The Voice of Tibetan Religion and Culture, S.39-41. New Delhi 1991.

Ricard, Matthieu: Journey to Enlightenment. The Life and World of Khyentse Rinpoche, Spiritual Teacher from Tibet. Aperture Foundation Inc., New York 1996 (dt. "Das Licht Tibets")

Video: The Spirit of Tibet. Journey to Enlightenment. The Life and World of Dilgo Khyentse Rinpoche. Zu beziehen über www.inner-quest.org

III. Kyabje Kalu Rinpoche (1905-1989)

Kalu Rinpoche gehörte der Kagyü-Tradition, genauer der Karma-Kagyü-Schule an, deren Thronhalter der Gyalwa Karmapa ist. Er war der Halter unzähliger Lehren auch aller anderen Traditionen und lebte und lehrte nach dem Motto: Es gibt viele Wege, aber nur ein Ziel. Das war ganz im Sinne der „non-sectarian" Bewegung, die in seiner Heimat Kham, Mitte des vorigen Jahrhunderts, entstanden war. Er ging bereits 1971 zum ersten Mal in den Westen, später auch nach Fernost, und verbreitete vor allem die Meditationspraxis des Tibetischen Buddhismus in fast der ganzen Welt – nur Afrika und Südamerika sind unberührt geblieben. In dieser Hinsicht ist Kalu Rinpoche der aktivste aller in diesem Buch beschriebenen Lamas gewesen.

Auch Kalu Rinpoche wurde in Kham geboren, in Trehor, in der Region Hor, einer gebirgigen Gegend nahe der Grenze zu China. Sein Vater war ein Abkömmling des ersten Karmapa Dusum Kyenpa (1110-1193) und von Jamgön Kongtrul als der 13. Palsang Ratak Tulku anerkannt worden. Dessen vorige Inkarnation war ein Meister der Shangpa-Linie, einer Unterschule der Kagyü-Tradition, und hatte eine solche spirituelle Meisterschaft entwickelt, dass er in die Vergangenheit und die Zukunft sehen und auch durch Mauern gehen konnte. Der Vater selbst, ein Laie, war ein ausgezeichneter Arzt, Meditationspraktiker und Schüler der drei großen Lamas, von denen schon früher die Rede war: Jamyang Khyentse Wangpo, Jamgön Kongtrul Lodrö Thaye und Mipham Rinpoche. Auch seine Mutter praktizierte den Dharma.

Eines Nachts erschien ihr Jamgön Kongtrul im Traum und sagte: „Ich brauche einen Platz, wo ich bleiben kann. Bereitet mir ein Zimmer“, und löste sich in ihr auf. Bald darauf entdeckte sie, dass sie schwanger war. Als das Kind geboren wurde, war der ganze Himmel voller Regenbögen, und Schnee fiel leise wie ein Regen von Blumen vom Himmel. Schneeflocken, so sagte einmal ein Physiker, sind wie Briefe aus dem Himmel, denn ihre Gestalt hängt von vielen physikalischen Faktoren ab. Das Baby wurde, schreibt Kalu Rinpoche in seiner Autobiographie, aufrecht, mit den Füßen zuerst, geboren, konnte sofort nach der Geburt Mantras sprechen und redete alsbald über die Ausbreitung der Kagyü-Lehren. Alle Menschen, die dies miterlebten, waren davon überzeugt, dass hier ein großer Lama wiedergeboren worden war. Der westliche Verstand sträubt sich etwas gegen derart wunderbare Geschehnisse und verweist sie in den Bereich der Legende, aber Ähnliches wird auch von der Geburt des Buddha berichtet.

Kalu Rinpoche wurde in die Kagyü-Tradition hineingeboren, die von dem indischen Meister Tilopa (988-1069) ausgeht. Er empfing die tantrischen Lehren des Mahamudra (Großes Siegel), die in ihrer Essenz dem Dzogchen gleichen, direkt von dem Ur-Buddha Vajradhara (Dorje Chang), der bei den Kagyüpas die gleiche Stellung einnimmt wie Samantabhadra bei den Nyingmapas. Tilopa gab sie an Naropa (956-1040 oder 1016-1100) weiter, der zunächst Abt der berühmten Universität von Nalanda in Indien war und später ein wandernder Yogi wurde. Seine „Sechs Yogas des Naropa“ sind die Grundlage der Meditationstechniken der Kagyüpas. Marpa (1012-1097) brachte die Lehren des Tilopa nach Tibet und gab sie an Milarepa (1040-1123) weiter. Gampopa, Schüler Milarepas, war der eigentliche Gründer der Kagyü-Tradition als organisierte monastische Institution und wurde der Guru des ersten Karmapa. Auch die Lebensgeschichten dieser großen Meister sind voll von wunderbaren Ereignissen.

Kalu Rinpoche war von seiner Familie her ein Abkömmling des ersten Karmapa. Im Leben aller Karmapas, bis hin zum jetzigen 17. Karmapa, sind Wunder völlig normal gewesen: Ungewöhnliche Naturereignisse bei Geburt und Tod, wie Regenbögen, vielfarbige Wolken, Donner, Erdbeben oder blühende Wiesen mitten im Winter, Blumen, die vom Himmel herabschweben, wunderbare Düfte, welche die Gegend erfüllen und himmlische Musik, für jedermann hörbar. Am Himmel erscheinen Gottheiten oder der Karmapa selbst; und bei der Geburt des letzten Karmapa wurden gar drei Sonnen am Himmel über den Weiden der Nomaden gesehen.

Bei Neugeborenen kann man den Abdruck eines Dharma-Rades auf den Fußsohlen sehen oder den tibetischen Buchstaben A auf der Zunge oder in der Herzgegend. Manchmal verlässt das Baby die Gebärmutter für einen Tag, und der Bauch seiner Mutter wird ganz flach; oder es singt Mantras in der Gebärmutter und jedermann kann den Gesang hören. Das Neugeborene spricht und läuft sofort nach der Geburt und kann das Sanskrit-Alphabet aufsagen. Später kann das Kind lesen, schreiben und Texte rezitieren, ohne dass man es ihm beigebracht hat, und erinnert sich genau an Einzelheiten aus vielen früheren Leben.

Nach der Verbrennung des Leichnams eines Karmapa fand man völlig unbeschädigt Herz und Zunge (1. Karmapa), Augen, Herz und Zunge (2. Karmapa) oder das Herz allein (16. Karmapa), und auf unverbrannt gebliebenen Knochenstücken waren Bilder von Buddhas und in der Asche der Fußabdruck des Toten zu sehen. Karmapas können durch Felsen gehen, verbrennen sich nicht, wenn sie in Feuer geraten und drehen ein Schwert zu einem Knoten zusammen. Sie vernichten Epidemien und machen Regen. Sie können Steine wie Ton kneten und Statuen sich bewegen lassen, sind gleichzeitig an verschiedenen Orten und machen Blinde sehend. Sie sind hellsichtig, fliegen auf einem Hirsch oder reiten auf einem Wolf, wie es vom jetzigen Karmapa berichtet wird. Sie hinterlassen Hand- und Fußabdrücke in Felsen und sind manchmal von mystischen Lichtern umgeben.

Solche Berichte gibt es auch über andere tibetische Meister, aber nur in der Geschichte der Karmapas gibt es eine so wundersame Häufung aller nur denkbaren übernatürlichen Ereignisse.

Wen immer wir auch befragt haben, was man davon halten solle – wir haben stets die gleiche Antwort bekommen: Wunder sind nichts anderes als die Manifestation eines in vielen Leben vollständig trainierten, in der spirituellen Praxis hochentwickelten Geistes – ein Zeichen dessen, was unser Geist vermag. Kalu Rinpoche selbst erklärte dazu, dass die großen Meister wunderbare Dinge tun konnten, weil sie realisiert hatten, dass alle Phänomene leer und lediglich eine Projektion des Geistes waren. So waren sie in der Lage, die Welt der Phänomene zu verändern. „Das nennen wir Wunder", schrieb er.

Als der Rinpoche noch sehr klein war, schickte der Dzogchen Rinpoche – ein berühmter Nyingma-Lama in Kham – einen Boten zu seinem Vater mit vielen Geschenken und der Bitte, er möge das Kind doch in seine Obhut geben. Der aber weigerte sich: Man wisse ja gar nicht, ob sein Kind eine Inkarnation sei, aber wenn dies denn wirklich so sei, werde es allen Lebewesen auf ganz natürliche Weise helfen – und erziehen könne er es selbst. So blieb der Junge zwölf Jahre in seinem Elternhaus und lernte von kleinauf zu rezitieren und zu meditieren. Er hatte einen klaren Verstand und lernte leicht. Schon in frühester Jugend empfand er Mitgefühl mit allen Lebewesen und fing sofort an zu weinen, wenn er irgendwo Leid sah. Sein Vater führte ihn auch in die traditionelle Heilkunde ein.

Schließlich kam er aber dann doch in das Kloster Palpung in Kham, den Sitz der Tai Situ Rinpoches, den Geist-Söhnen der Karmapas, mit denen sie zusammen mit den Shamar Rinpoches über Jahrhunderte hinweg Seite an Seite reinkarnierten. Er wurde dort zum Novizen ordiniert und bekam den Namen Karma Rangjung Kunchab, wurde aber niemals offiziell als Tulku inthronisiert. Er hatte keinen Titel, keinen Status – auch späterhin nicht. Schon mit sechzehn Jahren gab er mühelos seine erste Belehrung vor Hunderten von Mönchen und Laien im Kloster Bengen in Hor und begann im folgenden Jahr eine Dreijahres-Klausur in einem Klausur-Zentrum des Klosters Palpung – ohne seinen Eltern vorher etwas davon zu sagen. Sein Klausur-Meister war der Lama Norbu Döndrub, der auch sein Wurzelguru wurde und ihm die vollständige Übertragung der Karma-Kaygü- und Shangpa-Schulen gab. Die Shangpa-Linie stammt aus dem 11. Jahrhundert und bewahrt spezielle tantrische Lehren und Praktiken des Mahamudra. Sie legt ganz besonderen Wert auf die Meditationspraxis. Kalu Rinpoche wurde ihr Thronhalter und folgte damit seinem Lehrer nach.

Er erzählt in seiner Biographie, dass er damals immer, an die Tür angelehnt, im Stehen schlief. Wenn sie morgens von einem Mönch, der die Schläfer weckte, geöffnet wurde, flog er durch den ganzen Raum und war sofort hellwach. Wurde er tagsüber schläfrig, setzte er sich auf eine Fensterbank – und wenn er einschlief, fiel er ganz einfach herunter. Damals und später hatte er oft Träume und Visionen. So erschien ihm Jamgön Kongtrul im Traum, gab ihm Belehrungen und löste sich dann in ihm auf. Ein andermal versammelten sich die zwölf Berggöttinnen – feenartige Wesen – vor ihm. Sie waren wundervoll gekleidet, reich mit Juwelen geschmückt und sangen und tanzten vor ihm. Wenn er Schwierigkeiten hatte, meditierte er so lange über den Yidam Hayagriva, bis er mit ihm verschmolz. Dann wurde er fähig, wie er es ausdrückte, alle Dämonen und bösen Geister zu bändigen. Er konnte dann die Triebe, die in ihm tobten, und die negativen Emotionen – die drei Gifte des Geistes –, die aus dem Unterbewusstsein aufstiegen, zur Ruhe bringen. Einmal hörte er eine Prophezeiung über sich selbst, während er im Traum in eine himmlische Region versetzt war, dass er nach nur einer weiteren Inkarnation in einem „Reinen Land“ wiedergeboren werden würde.

Etwa 1939 zog er sich zu einer Klausur in eine Höhle inmitten der schneebedeckten Berge in der Gegend von Derge zurück, streifte zeitweise auch als wandernder Asket umher und lebte unter den Nomaden. Die Zurückgezogenheit dauerte zwölf Jahre. Sein Neffe, Lama Gyaltsen, hat ihn einmal besucht und später erzählt, dass die Höhle, in welcher der Einsiedler lebte, nicht viel mehr als eine Einbuchtung in einem Felsen war, den kalten Nordwinden preisgegeben, ein Ort, von dem jeder andere Mensch entsetzt geflohen wäre. In all diesen Jahren entwickelte er Liebe und Mitgefühl mit allen Wesen (Bodhicitta), den Wunsch, alle Lebewesen von den Leiden des Samsara – des Kreislaufs der Wiedergeburten – zu erretten und sie zur Befreiung zu führen. In seiner langen Klausur erwarb er die Beharrlichkeit in Werk und Praxis, um dieses Ziel zu erreichen. Seine Yidams (tantrische Meditationsgottheiten) waren Avalokiteshvara und die Weiße Tara.

Kalu Rinpoche wäre am liebsten bis zum Ende seines Lebens ein Einsiedler geblieben, aber sein Lama und Tai Situ Rinpoche riefen ihn nach Palpung zurück. Er wurde zum Klausur-Meister der beiden Klausur-Zentren in der Nähe des Klosters bestimmt, die er restaurierte und vergrößerte. Er blieb dort eine Reihe von Jahren und bekam im Laufe der Zeit zahllose Belehrungen und Ermächtigungen von den bedeutendsten Lamas aller Traditionen in Kham, vor allem in deren Meditationspraktiken. Sein Guru zog sich indessen im Alter von vierzig Jahren, bis zum Ende seines Lebens, vierunddreißig Jahre später, in eine Bergeinsiedelei in völliger Abgeschlossenheit zurück. Nach seinem Tod schrumpfte sein Körper auf die Größe eines achtjährigen Jungen, und aus seiner Asche wurden viele diamantharte Pillen (Dung) von verschiedenen Farben geborgen. Am Tag seiner Verbrennung waren Regenbögen den ganzen Tag über zu sehen.

Lama Karma, der heute über achtzig Jahre alt ist und im Kloster Sonada lebt, war damals der Disziplinarmeister von Palpung. Er erzählt, dass Kalu Rinpoche fast die ganze Zeit in Meditation versunken war und pausenlos Butterlampen opferte. Es war kaum möglich, ihn zu sehen oder zu sprechen. Worüber er meditierte, blieb den anderen Lamas verborgen, er war aber immer sehr freundlich und hilfsbereit, wenn es doch zu einem Gespräch kam. Mit der Zeit wurde er recht bekannt in der Gegend, gab aber keinerlei Belehrungen für Laien und machte nur gelegentlich für sie mit Würfeln oder auch mit einem Rosenkranz Divinationen, wenn er darum gebeten wurde. Wenn es einmal eine Dürre in der Umgebung von Palpung gab, vollzog er auf Bitten der Bauern auch spezielle Rituale und ließ es regnen – in Indien hat der Rinpoche das nie wieder gemacht. Er ging nicht wie andere Lamas auf Reisen und blieb so in den anderen Regionen von Kham zunächst relativ unbekannt.

In dieser Zeit war es wohl auch, dass der 16. Karmapa und andere Tulkus ihn als die Reinkarnation der erleuchteten Aktivität von Jamgön Kongtrul Lodrö Thaye bestätigten, ohne dass er feierlich inthronisiert wurde. Bisher galt er lediglich als Tulku, der keiner bestimmten Linie zugeordnet war. Es gab schon vier andere Inkarnationen des gleichen Meisters: Des Körpers, der Rede, des Geistes und der Qualitäten – zusammen mit der Aktivität sind das die fünf Aspekte eines Buddha –, die sich alle untereinander kannten, aber verschiedenen Traditionen angehörten. Sie stammten alle aus der gleichen geistigen Quelle und verkörperten verschiedene Aspekte des gleichen Bewusstseinskontinuums. Sie waren Tulpas. Die Linie führt sich bis auf die Zeiten Buddhas, auf dessen Lieblingsschüler Ananda, zurück. Auch Vairocana, einer der berühmtesten Schüler von Padmasambhava, gehörte zu den vorigen Inkarnationen von Kalu Rinpoche.

In den 40er Jahren reiste Kalu Rinpoche erstmals durch ganz Tibet, besuchte Klöster der verschiedensten Traditionen in West- und Zentraltibet und gab vielen Lamas die Ermächtigung der Shangpa-Lehren, vor allem ihres Herzstückes: Der Fünf Goldenen Schätze. Die Shangpa-Lehren sind ein abgeschlossenes Lehrsystem, das auf Meditation ausgerichtet ist. Darin enthalten sind die „Sechs Doktrinen von Niguma". Sie gehen von der Dakini Niguma aus, die, so heißt es, die spirituelle Gefährtin von Naropa war und sie direkt von dem Buddha Dorje Chang (Vajradhara) erhalten hat. Sie sind ähnlich den „Sechs Yogas von Naropa", sind aber nicht so komplex wie jene und haben daher verschiedene Meditationsabläufe und -Techniken. Diese Lehren waren in alle Winde verstreut, wie auch die einer anderen, der Jonang-Linie, die im Westen kaum bekannt ist. Kalu Rinpoche sammelte sie und verlieh ihnen neues Leben, indem er in den Klöstern Osttibets, in denen sie ursprünglich zu Hause waren, die entsprechenden rituellen Ermächtigungen und Übertragungen gab.

„Er war sehr frühreif", sagte uns Bokar Rinpoche, der jetzige Thronhalter der Shangpa-Linie und Erzieher des jungen Kalu Rinpoche, „und zeigte schon früh eine große Aufnahmefähigkeit für spirituelle Weisheit. Später, als er die Verantwortung für Lehre und Meditation in Palpung übernahm, begann er sein eigenes Wissen, das er sich in so vielen Jahren seines Lebens in strengster Zurückgezogenheit erworben hatte, auszustrahlen, und so wurde er bald als einer der hervorragendsten Meditationsmeister in allen tibetischen Traditionen bekannt. Diejenigen, die zu seiner engen Umgebung gehörten, wussten, welch unglaubliches Wissen Kalu Rinpoche hatte und welcher großer Gelehrter er war. Anderen blieb dies eher verborgen. Er war ein Meister der Logik und der Rhetorik sowie ein ausgezeichneter Redner. Seine Belehrungen waren sehr spezifisch und sehr direkt, immer ausgerichtet an der Frage, wie man das Gelernte in die Praxis umsetzen konnte. Theorien und philosophische Diskussionen ohne Bezug zur Praxis waren für ihn nicht so wichtig. So wurde er weithin berühmt, erst in Tibet, dann in Indien und in der ganzen Himalaya-Region – und schließlich im Westen."

1955 besetzten die Chinesen Kham. Kalu Rinpoche flüchtete zunächst nach Lhasa und von dort nach Tsuphur, in das Stammkloster der Karmapas in Zentraltibet. Auf Bitten der königlichen Familie von Bhutan schickte der Karmapa ihn 1957 in eines seiner Klöster in Ost-Bhutan – Jangchub Choling. Dort wurde er Abt, baute zwei Klausur-Zentren auf und ordinierte im Laufe der Jahre dreihundert Mönche. Es wird gesagt, dass die Anwesenheit des Rinpoches bleibenden Frieden in das abgelegene Tal brachte, das bis dahin wegen der Gewalttätigkeit seiner Bewohner einen sehr schlechten Ruf hatte und von allen gemieden wurde.

Doch Trijang Rinpoche, der jüngere Tutor des Dalai Lama, schenkte 1962 Kalu Rinpoche ein damals winziges Kloster in Sonada, in der Nähe der Stadt Darjeeling, das ihm selbst wenige Jahre zuvor ein Sherpa als Geschenk angeboten hatte. So zog der Lama nach Darjeeling um, wo er dem Mönchsleben im Exil näher und auch unabhängiger war, seine Vorstellungen zu verwirklichen. Auch dort richtete er sofort wieder ein Klausur-Zentrum für sechzehn Mönche und Nonnen ein und baute erst allmählich sein Kloster Samdrup Darjay Ling weiter aus. Es liegt in 2 200 m Höhe an einem Berghang, mit einem wunderbaren Blick auf das Tal von Darjeeling, ein friedvoller Ort, der Mönchen aus allen Traditionen offen steht. Zu Lebzeiten des Rinpoche versammelten sich dort im Laufe der Jahre viele Schüler aus der ganzen Welt um ihn. „Wie die Schwäne, die zu einem See mit Wasserlilien streben", schreibt er in seiner Biographie sehr poetisch. Heute leben in Sonada fünfundsiebzig Mönche. Kalu Rinpoche war auch der Lehrer der vier späteren Regenten des Karmapa: Shamar Rinpoche, Tai Situ Rinpoche, Jamgön Kongtrul Rinpoche und Gyaltsab Rinpoche.

Der Rinpoche kümmerte sich, im Gegensatz zu seinem Freund Thugsey Rinpoche im nahegelegenen Kloster Dali, so gut wie gar nicht um die tibetischen Flüchtlinge, die sich in der Gegend angesiedelt hatten, auch nicht um Politik jeder Art. „Das bereitete ihm Kopfschmerzen", sagte Lama Karma in Sonada. Er war gegenüber früher nur insofern verändert, als man jetzt leichter mit ihm sprechen konnte, er war nicht mehr die ganze Zeit in Meditation versunken. „Wer den Rinpoche zum ersten Male sah“, erzählte der Lama, „wurde sofort von ihm angezogen und fing urplötzlich an zu weinen. Bokar Rinpoche war sein Schüler, und wenn Sie sich Bokar Rinpoche ansehen, dann ist es mit ihm genauso wie mit seinem Lehrer: Vertrauen auf den ersten Blick.“ Und wirklich – als wir Bokar Rinpoche vor Jahren zum ersten Male in seinem Kloster Mirik, inmitten der Teegärten von Darjeeling, getroffen haben, fühlten wir uns sofort zu ihm hingezogen und hatten großes Vertrauen zu ihm.

„Er war nicht sehr groß und außerordentlich dünn“, fuhr Lama Karma fort, „er sah eher wie ein Skelett aus, wie Milarepa, als der sich jahrelang von Brennnesseln ernährt hatte, nur mit dem Unterschied, dass Milarepa von seinen Brennnesseln ganz grün geworden sein soll.“ Auch Thomas Merton, der Kalu Rinpoche 1968 in Sonada besucht hat, beschreibt ihn als einen kleinen, dünnen Mann, dessen Schläfen nach innen gedrückt schienen, als ob sein Schädel zwischen riesigen Daumen zusammengedrückt worden wäre. „Er sprach sehr leise und fingerte während des Gespräches an seinem Rosenkranz herum“, schreibt Merton.

Lama Kunga, ein deutscher Arzt, hatte das gleiche Gefühl, als er Kalu Rinpoche zum ersten Male in Hamburg begegnete: „Als ich in den Raum kam, in dem Rinpoche auf einer Art Thron saß, stand die Welt für mich still. Das hat sich jedes Mal wiederholt, wenn ich ihn später getroffen habe. Der Geist kam völlig zur Ruhe, und alle Fragen wurden überflüssig, sobald ich vor ihm stand. Er hatte eine unglaubliche Präsenz. Ich fühlte mich geborgen und wusste: Das ist es, das ist von nun an mein Weg. Ich kenne viele andere Rinpoches, aber den Eindruck, den ich von Kalu Rinpoche hatte, habe ich bei ihnen nie wieder in der gleichen, überwältigenden Form erlebt. Einmal war ich dabei, als sich Kalu Rinpoche vor dem Karmapa verneigte, ein gebrechlicher alter Mann, der sich mit völliger Hingabe vor seinem Meister verbeugte. Irgendwann sind Lehrer und Schüler nicht mehr voneinander verschieden, wenn letzterer die Buddha-Natur des Lehrers in sich selbst erkennt – damals konnte ich sehen, wie sich das in menschlicher Form ausdrückt. Aber er hatte auch etwas Unerreichbares, er war kein Lama zum Anfassen.“

Der Rinpoche hatte von kleinauf große Liebe und Mitgefühl für alle Arten von Tieren, bis hin zu Läusen und Flöhen. Er gab ihnen, wie er selbst schreibt, „geheiligte Medizin und gesegneten Sand“, der allen Wesen Befreiung bringt, die mit ihm in Kontakt kommen. So habe er zahllose Millionen von Insekten und anderen Tieren auf den Weg zur Befreiung gebracht. In seiner Gegenwart hörten sogar die Katzen auf, Mäuse zu töten.

Er war der erste berühmte tibetische Lama, der den Westen besuchte. 1971 kam er erstmals nach Europa und wurde dort auch vom damaligen Papst Paul VI. empfangen. Dann reiste er auf Einladung von Chögyam Trungpa Rinpoche in die USA und blieb dort neun Monate. Er entschloss sich, in ganz traditioneller Weise vorzugehen und den Buddha-Dharma Stufe für Stufe aufzubauen und zu lehren. Für ihn stand die Meditationspraxis im Mittelpunkt, er glaubte fest an die verwandelnde Kraft der Meditation. Er gab allen Schülern, die bei ihm „Zuflucht“ genommen hatten, sich also rituell zum Buddhismus bekannt hatten, tibetische Namen, die alle mit Karma begannen, und band sie damit an die Karma-Kagyü-Tradition. Er lehrte zunächst vor allem die Meditation über Avalokiteshvara, als der Quintessenz der Liebe und des Mitgefühls aller Buddhas und Bodhisattvas, und gab Avalokiteshvara dem Westen als seine Meditationsgottheit.

Bei seiner zweiten Reise (1974/75) gründete er einige Zentren in Frankreich, Skandinavien, Kanada und den USA. In den USA lehrte er „Ngöndro“, die „Außerordentlichen vorbereitenden Übungen“ für die Entwicklung von Mahamudra, das zur Erkenntnis der wahren Natur des Geistes führt. Ngöndrö ist eine zeitaufwendige und anstrengende Praxis, die besonders vor einer großen Klausur geübt wird. Außerdem begann er mit der Meditationspraxis der Grünen Tara, die von Ängsten und Leiden in diesem Leben befreit oder uns gar vor ihnen bewahrt, auch dies im Hinblick auf den von Angst geplagten Westen. Auf dieser Basis gründete er seine Zentren – das erste in Vancouver (Kanada) – immer im Rahmen der Kagyü-Tradition, obgleich er sich bewusst war, dass es auf der höchsten Stufe der Dharma-Praxis letztlich keine Unterschiede mehr gibt.

1977/78, auf seiner dritten Reise, richtete er in einem seiner Zentren in Frankreich die erste Dreijahres-Klausur ein und reiste anschließend nach Kanada, den USA und zum ersten Male auch in den Fernen Osten, nach Japan und Taiwan. In den USA lehrte er zwei weitere Meditationspraktiken, die allen tibetischen Traditionen gemeinsam sind – Shine (Samatha), konzentrative Meditation, die den Geist zur Ruhe bringt, und Lhatong (Vipasyana), analytische Meditation, welche die Einsicht in die Natur des Geistes und in die Leerheit aller Erscheinungen von unabhängiger Existenz fördert.

1980 gab er in Paris die erste Kalachakra-Initiation in Europa, um damit die Übertragung des Buddha-Dharma in den Westen zu fördern. Die Ermächtigung dazu hatte er Jahre zuvor vom Dalai Lama erhalten.

Weitere Ziele im stufenweisen Aufbau seiner Belehrungen waren dann die Erörterung von Shunyata (Leerheit) und der Natur des Geistes und schließlich die Darbietung von Mahamudra als Höhepunkt der Karma-Kagyü-Lehren. Damit begann Kalu Rinpoche 1982 in Kagyü Thubten Choling, seinem Klausur-Zentrum im Staate New York. Im gleichen Jahre gab er Kalachakra-Initiationen in San Francisco, New York und Schweden und besuchte Burma, Thailand und Hongkong – die Jahreszahlen in den mir vorliegenden Unterlagen sind widersprüchlich.

Zwischen 1971 und 1989 gründete Kalu Rinpoche mehr als siebzig Zentren und zwanzig Klausur-Zentren in West und Ost –

wobei die Klausur-Zentren seine Wahrzeichen waren. Er führte als erster Lama die Tradition der Drei-Jahres-Klausur im Westen ein, in denen – wie in Sonada – der volle Zyklus der Shangpa-Lehren gelehrt wurde, mit dem Ziel, dass die Absolventen später selbst die Lehren weitergeben konnten. Diese Klausuren waren etwas absolut Ungewöhnliches und Unbekanntes in der westlichen Kultur, und natürlich für westliche Schüler sehr schwer durchzuhalten. Es war aber auch ungewöhnlich aus der Sicht tibetischer Tradition, denn allgemein lernt man erst den Sutra-Pfad, die Worte Buddhas, ehe man zur Praxis kommt. Auch Kalu Rinpoche ging teilweise diesen Weg, sagt Bokar Rinpoche, aber öfter wich er davon ab.

Als Lehrer seiner Zentren setzte er Schüler ein, die Absolventen einer Dreijahres-Klausur gewesen waren. Jeder, der bei ihm eine Klausur absolviert hatte, konnte sich dann „Lama" nennen – das gab es weder in Tibet noch sonstwo im Exil. Wie erfolgreich die Klausuren wirklich waren, kann man kaum beurteilen. Das hängt letztlich davon ab, was die Einzelnen daraus gemacht haben – und das wird selten offenbar und ist nicht messbar. Aber es steht wohl außer Zweifel, dass es Kalu Rinpoche gelungen ist, allgemein das Interesse am Buddhismus im Westen zu wecken, das Konzept des Tibetischen Buddhismus zu verbreiten und gegenüber anderen östlichen Religionen abzugrenzen. Zu zeigen, das Mitgefühl die Grundlage tibetischer Religiosität ist.

Lama Kunga, ein deutsche Arzt, hat 1982 eine Dreijahres-Klausur auf Salt Spring Island, einer Vancouver vorgelagerten Insel, mitgemacht: „Es waren zusammen zehn Männer und zehn Frauen, die in etwas gegeneinander versetzten kleinen Gebäuden lebten. Man konnte sich sehen und – trotzdem das eigentlich verboten war – auch miteinander sprechen. Für einige war die Situation nicht einfach, man hat sich anfangs manchmal gefragt: „Was tue ich eigentlich hier?" Es wurde auf englisch gelehrt, aber die Texte und Kommentare waren auf tibetisch. Natürlich habe ich nicht alles verstanden, aber trotzdem hatte ich nie das Gefühl, meine

Zeit zu vertun.“ In die Klausur-Zentren werden bis heute nur ordinierte Mönche aufgenommen. Lama Kunga sagt, dass der Leiter der Klausur ihnen das erst einen Tag vorher klipp und klar mitgeteilt habe. So wurden sie eben Mönche und Nonnen, legten vor Beginn der Klausur die Novizengelübde ab und erhielten sofort danach die volle Mönchsordination, ohne jemals einer klösterlichen Gemeinschaft anzugehören – auch das war und ist ziemlich unorthodox. Lama Kunga blieb zwölf Jahre Mönch, und auch fast alle anderen haben die Robe später wieder ausgezogen – aber ihr Leben ist ein für allemal geprägt worden.

Als Kalu Rinpoche in den Westen kam, war seine Botschaft ganz einfach. Es ist wichtig für die Menschen zu lernen, dass und wie man seinen eigenen Geist, seine geistigen Potenziale, durch die Praxis der Meditation trainieren kann. Dies war sein Herzensanliegen. „Es war etwas um ihn, ganz gleich, ob er inmitten sehr ergebener Schüler in seinem Kloster war oder zusammen mit Westlern mit ihrer Skepsis und ihren Fragen – er hatte immer diese magnetisierende Qualität“, sagt Bokar Rinpoche. „Man kann das Segen nennen oder Zeichen der Erleuchtung oder wie auch immer. Was immer er den Menschen gab, was er mit ihnen teilte, in jedem Fall war es gut für sie, es berührte sie in einer guten Art, in einer heilenden, ganzmachenden Weise. Ein Anker wurde gesetzt, eine Richtung vorgegeben. Mag sein, dass viele Zuhörer, die ohne große Vorbereitung eine Initiation bekamen, überhaupt nicht verstanden, was sie bedeutete, trotzdem hatte sie einen Effekt – das Verständnis kam oft erst lange danach. Es wurde etwas in ihre Herzen gesenkt, das sich erst später offenbarte.“ Aus heutiger Sicht, nach fast drei Jahrzehnten, ist es allerdings eine offene Frage, ob diese Samen wirklich so häufig aufgegangen sind, wie die tibetischen Lamas sich dies erhofft haben.

Manche der späteren Schüler haben Bokar Rinpoche erzählt, dass sie damals, als Kalu Rinpoche zum ersten Male in den Westen kam, überhaupt keine Buddhisten, ja nicht einmal an Religion interessiert waren. Aber sie hatten ein Poster mit einem Bild von Kalu Rinpoche gesehen, das eine Veranstaltung mit ihm ankündigte. Dieses Bild prägte sich ihrem Geist so ein, dass es wie ein Ruf wirkte, Kalu Rinpoche zu sehen und sich seinen Lehren zu öffnen. Das war ganz einmalig. „Lasst alles los“, sagte Kalu Rinpoche zu ihnen, „erst dann werdet ihr euch selbst kennenlernen.“ Kalu Rinpoche erteilte alle Lehren auf tibetisch. Damals verstand, anders als heute, niemand in den Zentren tibetisch. Aber er hatte ausgezeichnete Übersetzer und brachte seinen westlichen Schülern bei, was sie wissen mussten. Was er sagte, war klar, eingängig und leicht zu begreifen, auch wenn man erst am Anfang seiner Bemühungen stand. Er lehrte aber nur gerade so viel Philosophie wie nötig war, um die Praxis zu verstehen.

Kalu Rinpoche erzählte immer genau das, was seine jeweiligen Zuhörer nicht erwarteten. Gelehrten erzählte er die Lebensgeschichten von Yogis, Zen-Buddhisten gab er Beschreibungen der „Reinen Länder“. Und überall malte er das Leben in der Hölle aus, von dem niemand wirklich etwas hören wollte. Irgendwie muss das sehr charakteristisch für ihn gewesen sein, denn wir haben öfter davon gehört. Er brachte allen die Ganzheit der Lehren Buddhas und nicht nur das, worauf die jeweiligen Zuhörer spezialisiert waren oder was ihrer Kultur entsprach. Eigentlich hätte man erwarten sollen, dass er nirgendwo ein zweites Mal eingeladen wurde, meint einer seiner Übersetzer, aber er wurde innig geliebt, nicht nur respektiert, und gab immer wieder vor Tausenden von Schülern und Lamas wichtige Belehrungen auch in Indien, Nepal, Sikkim und Bhutan. Er selbst schreibt in seiner Biographie in Bezug auf diese Verbreitung des Dharma, dass es nichts Vergleichbares bisher auf der Erde gegeben habe. Trotzdem habe er nie ein Gefühl des Stolzes gehabt.

„Kalu Rinpoche war unglaublich erfolgreich in seinem spirituellen Bemühen und hatte überhaupt kein Interesse an materiellen Dingen, an Geld, Ruhm, Würden oder Besitz“, erzählte uns Bokar Rinpoche. „Er hatte in einer ganz ungemein vollkommenen Weise

Bodhicitta verwirklicht, Mitgefühl mit allen Menschen, mit allen Wesen. Zusammen mit seiner eigenen Praxis auf dem Weg zur Erleuchtung waren das die Pfeiler, die seinen ungeheuren Erfolg ausmachten, anderen Menschen zu helfen, den gleichen Weg zu gehen, sich zu verwirklichen." Kalu Rinpoche wiederholte aber immer wieder, dass alle spirituellen Pfade zum gleichen Ziel führten und verglich die verschiedenen Religionen mit den vielen Restaurants, die man in einer Stadt findet. Der Hunger ist überall gleich, aber keine Küche befriedigt alle Leute gleichermaßen. Der Buddha habe eben verschiedene Ausdrucksmittel gefunden, entsprechend den Wünschen und der Veranlagung der Menschen, das erkläre die Vielfalt der Religionen. Das heißt aber auch, bestätigt Lama Kunga, dass alle Religionen vom Buddha ausgehen! Die Verbundenheit mit den anderen Religionen sei für den Rinpoche immer sehr wichtig gewesen.

„Kalu Rinpoche wirkte immer schon wie ein hinfälliger alter Mann, sehr klein und dünn und nicht sehr stark", schrieb Bokar Rinpoche anlässlich seines Todes. „Mit den Jahren schien er aber eher jünger zu werden. Er bewegte sich leicht, ohne jede Steifheit in seinen Bewegungen. Sein Körper war leicht und biegsam, wie der eines Kindes. Hitze und Kälte schienen ihn nicht zu berühren. Er konnte den ganzen Tag während langer Zeremonien friedlich auf seinem Thron sitzen, wo andere nach einigen Stunden Sitzens schon erhebliche Probleme bekamen. Er brauchte keine Brille im Alter. Obwohl er gewöhnlich wenig aß, konnte er bei offiziellen Gelegenheiten alles in sich hineinstopfen, wenn er wusste, es machte seine Gastgeber glücklich. Er hatte trotzdem nie Magenprobleme." Kalu Rinpoche wirkte in seiner äußeren Erscheinung wie ein Asket, aber er war keineswegs weltabgewandt und trug durchaus die Seidenroben eines hohen Lamas. Aber es bedeutete ihm nichts. Er kannte keine Anhaftung an äußere Dinge.

„Er war charismatisch. Was immer er sagte, ging direkt in die Herzen seiner Zuhörer. Er sprach nie ziellos, nie ohne einen Zweck, und er erklärte alles in einer leicht verständlichen Weise. Er zeigte nie und hatte wohl auch nie ungute Gefühle. Seine Sprache war immer die eines großen Meisters", sagte uns Bokar Rinpoche nahezu begeistert. Er konnte Menschen genau einschätzen und gut mit ihnen umgehen und war, was man von einem Lama, der so viele Jahre in der Einsamkeit verbracht hatte, überhaupt nicht erwartet, geschickt in geschäftlichen und administrativen Angelegenheiten. Er akzeptierte jede Situation, ob gut oder ungünstig, wie sie eben war. Er kannte alle Aspekte des Dharma, Rituale, Gebete, Meditation, Philosophie, Musik und Ikonographie. Er konnte zeichnen, malen, Statuen aus Ton bilden und Stupas und Tempel restaurieren. Aber er zeigte sein Wissen nie vor. Wenn irgendetwas bei einer Puja oder Ähnlichem schief ging, dann sagte er kaum etwas und schalt nie jemanden aus. Aber wenn man ihn um Rat fragte, dann wusste er immer die Antwort, und wenn jemand krank war, tat er alles, was ihm möglich war. Er betete und machte spezielle Shangpa-Rituale. Von seinem Vater her war er sehr erfahren in der Heilkunst und gab den Kranken Ratschläge, denn er wusste sehr genau, wie sich die Energie im Körper bewegt."

Er konnte sich wie ein Kind freuen, wundern und neugierig sein. Einmal ging er seiner Begleitung in einem großen Kaufhaus in Vancouver verloren. Sie fanden ihn schließlich in der Spielzeugabteilung. Er saß auf dem Boden und spielte mit einigen Kindern. Damals war er schon sechsundsechzig Jahre alt. Er hatte Spielzeug für sein Leben gern, kaufte es überall im Westen und nahm es mit nach Sonada. Wir haben dort in der Residenz des jungen Kalu Rinpoche ganze Schränke voller Spielzeug gesehen.

Er war energisch, hingebungsvoll, phantasievoll, aufmerksam und freute sich über den Erfolg seiner Projekte, die er genau verfolgte. Wenn ihm jemand dabei half, konnte der Sponsor allerdings keinen überschwänglichen Dank erwarten. Manche waren davon doch recht enttäuscht. Sobald er nach Hause kam, zog er seine Schuhe und auch sein Hemd aus und saß in seiner Mönchsunterwäsche da, vollkommen entspannt, erzählte Witze und aß Sachen, die ihm eigentlich nicht gut taten, sah fern und schaute sich Videos an, die, wie er gern zugab, eigentlich ganz schrecklich waren. Jeder Tag war für ihn wie ein Segen, und er half allen, die um Rat und Hilfe baten, ohne jeden persönlichen Ehrgeiz. Der Rinpoche vergaß jedermanns Namen, auch die seiner Schüler, kannte aber jeden und vergaß nie ein Gesicht oder eine Unterhaltung, auch wenn er sie Jahre früher irgendwo in der Welt geführt hatte. Seine Schüler waren die Freude und der Schatz seines Lebens, und er fühlte eine große Liebe für jeden von ihnen.

Was seinen Geist betrifft, das Wissen um die Natur der Phänomene, Leerheit, Mahamudra oder die traumgleiche Natur der Phänomene, Kalu Rinpoche hatte keine Bindung an irgendetwas. Er hatte die Leerheit bereits lange vor seinem Tode realisiert – das hat er selbst geschrieben. Seine Aktivität entfaltete sich natürlich, absolut spontan und ohne Anstrengung aus der Kraft des Gebets und des Segens, der aus der Meditation kommt. Sie war eine wirklich erleuchtete Aktivität, wie sie Kalu Rinpoche als Inkarnation der Aktivität von Jamgön Kongtrul vorgegeben war – übrigens war seine Tulku-Linie anderen kaum bekannt. Für Bokar Rinpoche und alle anderen, mit denen wir sprechen konnten, war ihr Guru schon zu seinen Lebzeiten ein Erleuchteter, der alle Aspekte eines Buddha in seiner Lebenszeit verwirklicht hatte.

Eine alte Lungentuberkulose brach am Ende seines Lebens wieder auf, und der Rinpoche, der immer schon sehr dünn gewesen war, magerte nun wirklich zum Skelett ab. Schon vorher sah er so dünn aus, dass er einmal, als er in einem Magazin das Bild eines hungernden Afrikaners sah, spontan ausrief: „Schaut, der sieht genauso aus wie ich!" Das war im Winter vor seinem Tode. Er starb am 10. Mai 1989 sehr friedlich in seinem Kloster in Sonada an Herz- und Kreislaufversagen – im Alter von vierundachtzig Jahren nach westlicher Rechnung. Zum Zeitpunkt seines Todes erschien ein großer, sehr ungewöhnlicher Regenbogen am Himmel, der nicht halbkreisförmig, sondern absolut gerade war.

Kalu Rinpoche blieb drei Tage in der Todesmeditation. Anschließend wurden neunundvierzig Tage lang feierliche Zeremonien unter der Leitung der höchsten Lamas der Kagyü-Tradition im Kloster abgehalten – das ist der Zeitraum, in dem sich das Bewusstseinskontinuum, das uns von Wiedergeburt zu Wiedergeburt begleitet, spätestens wieder inkarniert hat. Sein Körper wurde einbalsamiert und später in einem reich mit Gold und Edelsteinen geschmückten Stupa im Tempel des Klosters beigesetzt. Vom höchsten Punkt des Stupa schaut das lächelnde Gesicht des Rinpoche nun wie aus einem Fenster voller Güte auf den Betrachter nieder.

„Gab es irgendwelche Zeichen nach dem Tod des Rinpoche, wo man seine Reinkarnation finden könne?“, fragten wir Bokar Rinpoche.

„Es gab eigentlich keine klaren Hinweise. Es wäre auch nicht sein Stil gewesen. Aber nachträglich gesehen, gibt es ein paar Anzeichen, dass er wusste, wo er wiedergeboren werden würde. Einige seiner Schüler hatten ihn vorher gedrängt, weil er schon so alt war, sein Haus zu bestellen. Aber er hatte ihnen immer gesagt, dass sie sich nicht sorgen sollten, er werde ganz bestimmt nicht wie ein Hund sterben.

Er hinterließ dann einen Brief, eine Art Testament, das er bereits 1976 abgefaßt hatte, nach dem sein persönlicher Sekretär und Neffe, Lama Gyaltsen Ratak, für das Kloster und alle seine Zentren verantwortlich sein sollte.“ Der inzwischen verstorbene Lama war der Abkömmling einer alten Familie, in die viele große Meditationsmeister hineingeboren worden waren. „Einige Leute konnten das wirklich schwer verdauen“, erzählte Bokar Rinpoche weiter, „so haben wir dann Tai Situ Rinpoche, den ranghöchsten Regenten des inzwischen verstorbenen Karmapa, gebeten, nach der Reinkarnation zu suchen. Ein Jahr später, im September 1990, bekamen Lama Gyaltsen und seine Frau einen Sohn, fünfzehn Jahre nachdem ihr letztes Kind geboren worden war. Auf einmal wurde alles klar. Zunächst Chatral Rinpoche – er ist derzeit der älteste lebende tibetische Lama – und dann Tai Situ Rinpoche erkannten dieses Kind als die gesuchte Inkarnation an. Der Dalai Lama bestätigte dies, als der wiedergeborene Kalu Rinpoche anderthalb Jahre alt war. Es gab keine anderen Kandidaten, das ist in unserer Tradition nicht üblich.“ Der junge Lama lebt heute im Kloster Mirik in Darjeeling in der Obhut von Bokar Rinpoche.

Quellennachweise:

Interview mit Kyabje Bokar Rinpoche und Kyabje Kalu Rinpoche im Kloster Ngedon Chokhor Ling in Mirik/Darjeeling am 28.9. 1999 und in Salugara/Darjeeling, am 8.10. 2001

Interview mit Lama Karma im Kloster Samdrup Darjay Ling in Sonada/Darjeeling, am 12.10. 2001

Interview mit Lama Kunga (Reinhard Türk) in Hamburg am 1.4.02

Bokar Rinpoche in: Enthronement Celebration. Samdrug Darjay Ling, Sonada 1993

Jamgon Kongtrul Lodrö Thaye: Enthronement. The recognition of reincarnate masters of Tibet and the Himalayas. Snow Lion Publ., Ithaca, N.Y. 1997

Kalu Rinpoche: The Chariot for Travelling the Path to Freedom. The life story of Kalu Rinpoche. Kagyü Dharma, San Francisco 1985

Kalu Rinpoche: Biography, Guru Yoga and Pujas for His Swift Return. Samdrup Darjay Ling, Sonada 1989

Kalu Rinpoche: The Dharma. Sri Satguru Publ., Indian Book Centre, Delhi 1995

Karmapa. The Sacred Prophecy. The Kagyu Thubten Chöling Publications Committee, Wappinger Falls, N.Y. 1999

Merton, Thomas: Asiatisches Tagebuch, Benziger Verlag, Zürich 1987

IV. Kyabje Thugsey Rinpoche (1916-1983)

Eine der vier Schulen der Kagyü-Tradition ist die Drugpa-Kagyü-Schule, die Ende des 12.Jahrhunderts gegründet wurde – die anderen sind Karma-Kagyü, Drikung-Kagyü und Taklung-Kagyü. Für die Drukpas sind nicht so sehr die Bücher, die geschriebene Lehre, entscheidend, sondern vor allem die mündliche Überlieferung, die lebende Tradition. Ihr Oberhaupt ist S. H. der 12. Gyalwang Drukchen Tenzin Jigdral Lodrö. Die Gyalwang Drukchens gelten, wie der Dalai Lama und der Karmapa, als die Verkörperung von Avalokiteshvara (Chenresig), aber auch des Mahasiddha Naropa. Die Schule hatte früher viele Anhänger in China, der Mongolei, Afghanistan und Turkestan und heute noch in Indien, Ladakh, Nepal und Bhutan. In Bhutan ist sie Staatsreligion. Ihr Stammkloster in Tibet war das Kloster Drug Sangag Choling in Jar (Südtibet), das der vierte Drukchen Padma Karpo gegründet hat. Er soll der gelehrteste aller Drukchens gewesen sein und war ein Freund des fünften Dalai Lama (1617-1687).

Thugsey Rinpoche war ein Sohn des zehnten Drukchen, eines sehr machtvollen und außerordentlichen Lamas. Sein Vater hatte Probleme für seine Linie vorhergesehen und deshalb geheiratet, damit ein Sohn bereitstünde, um den Erhalt der Linie zu sichern. Wie sich später zeigen sollte, war dies ein weiser Beschluss. Seinem Sohn, dem Thugsey Rinpoche – Thugsey (Thugse) nennt man den leiblichen Sohn eines tantrischen Meisters, der sein geistiger Erbe wird – war es bestimmt, während der Lebenszeit des elften und des zwölften Drukchen die Linie als Regent der Thronhalter außerhalb Tibets weiterzuführen.

Thugsey Rinpoche war kein Tulku – Rinpoche ist hier ein Ehrentitel. Der 13. Dalai Lama hatte zwar vermutet, er sei die „Inkarnation der Rede“ von Taklung Ma Rinpoche, aber kein Kloster erhob je Anspruch auf ihn. Insofern hatte er in der religiösen Hierarchie Tibets keinen herausgehobenen Rang oder Status.

Der Drukchen ließ seinen Sohn zunächst zu Hause und gab ihm eine hervorragende Erziehung in Anbetracht der Aufgaben, für die er ihn ausersehen hatte. Später trat der Thugsey als gewöhnlicher Mönch in das bedeutende Kloster Zigar im Distrikt Derge (Kham) ein, das wegen seiner strengen mönchischen Disziplin bekannt war. Er bekam dort seine ganze formale Ausbildung und lernte alles, was nicht nur ein Mönch, sondern eben ein Thugse, der Geist-Sohn eines großen Lamas, wissen muss. Anschließend ging er in eine Dreijahres-Klausur, um die Grundlagen der Meditationspraxis zu erlernen. In seinem Leben war er insgesamt dreimal drei Jahre in Klausur.

Später baute Thugsey Rinpoche im Stammkloster der Drugpa-Schule in Südtibet ein Institut für buddhistische Studien auf, das die philosophischen Grundlagen sehr viel stärker betonte, als es sonst bei den Drukpas üblich war. Das hatte es zwar in diesem Kloster schon einmal gegeben, war aber irgendwie im Laufe der Jahre fast völlig in Vergessenheit geraten. Der Rinpoche brachte das Institut zu einer neuen Blüte, aber sie hatte nur vier oder fünf Jahre Bestand, bis die Invasion der Chinesen in Südtibet ihr 1956 ein Ende machte.

Nach dem Tode seines Vaters wurde er der Regent der Drukpa-Schule, später der Lehrer des elften Drukchen und nach dessen Tode dann von dessen Reinkarnation. Auch der elfte Drukchen kam aus einer sehr angesehenen Familie. Sein Vater soll der reichste Mann in Tibet gewesen sein und war als junger Mann nach England geschickt worden. Nach seiner Rückkehr wollte er zu Hause viele Reformen einführen, aber die Tibeter fanden das ziemlich seltsam, und so wurde er bald eine sehr kontroverse Figur. Der 13. Dalai Lama, der ihn anfangs unterstützt hatte, musste ihn fallen lassen. Der deutsche Tibet-Forscher Ernst Schäfer, der 1938 einige Monate Gast der Regierung in Lhasa war, hat ihn in seinem Buch „Fest der weißen Schleier“ beschrieben.

1959 flüchteten der Drukchen und sein Lehrer nach Indien und kamen in das Flüchtlingslager Buxa Duar, das wegen seiner katastrophalen hygienischen Verhältnisse eine traurige Berühmtheit erlangt hat. Wir werden noch davon hören. Der Drukchen starb wenig später, im Alter von neunundzwanzig Jahren, an einer akuten Krankheit. Einige Jahre danach siedelte Thugsey Rinpoche nach Darjeeling über, in eine Region, die immer enge Beziehungen zu Tibet gehabt hatte. Schon vor 1959 lebten viele Tibeter in dieser klimatisch sehr angenehmen Gegend. Er wohnte eine Zeit lang in einem Haus in dem „Mim-Teegarten“, das in einem tiefen Tal oberhalb der Stadt Darjeeling liegt, fünfunddreißig Kilometer von ihr entfernt. Sherpas hatten in der Nähe in den Hügeln einen kleinen Tempel gebaut, den sie ihm später als Geschenk anboten, und alsbald begann er, Mönche um sich zu sammeln, um ein kleines Kloster zu gründen. Thomas Merton hat ihn dort besucht, jener Trappistenmönch, der selbst ein Mystiker war und wenige Wochen später in seinem Hotelzimmer in Bangkok von einem herabfallenden Deckenventilator erschlagen werden sollte. Er beschreibt in seinem „Asiatischen Tagebuch“ einen Besuch im Kloster von Thugsey Rinpoche im Jahre 1968: „Ein sehr kleines, sehr ärmliches Häuschen an einem schönen Fleck, mit einem rostigen Blechdach. Ich weiß nicht, wie sie da dreißig Menschen hineinbekommen, außer, wenn die meisten Kinder sind. Die meisten Mönche, Kinder und Studenten sind Nepalesen. Ich ging in das Oratorium, das dunkel, ärmlich und ohne viel Schmuck ist. Aber man bekam einen Sinn für die Wirklichkeit und geistige Kraft hier drinnen ... trotz der Armut und dem äußerlichen Schmutz.“ Den Rinpoche hat er nicht angetroffen. Thugsey Rinpoche hatte damals keine Mittel, um seine Mönche zu ernähren, so mussten sie als Kulis im Straßenbau arbeiten. In dieser Zeit (1966) wurde der jetzige Drukchen von Thugsey Rinpoche in Nordindien gefunden und vom Karmapa und vom Dalai Lama bestätigt.

Etwa Ende 1968 zog der Rinpoche in das heutige Kyiter Kloster um. Es liegt ca. drei Stunden von Darjeeling entfernt an der Grenze zu Nepal und ist jetzt ein Klausur-Zentrum des Dali-Klosters. Er blieb dort nur wenige Jahre und kaufte schließlich von katholischen Nonnen um 1971 die „Forest View Villa", ein kleines Haus aus der Kolonialzeit, einige Kilometer außerhalb der Stadt Darjeeling. Es wurde das neue Stammkloster der Drugpas und Residenz des Drukchen.

Das Kloster Drug Sangag Choling war noch ziemlich klein, als der Rinpoche 1983 starb. Heute ist der große, fast festungsartige Komplex mit ca. 200 Mönchen, der 1993 eingeweiht wurde, das Zentralkloster der Drukpa-Schule für die philosophische Ausbildung der Mönche, also eine Mönchsuniversität. Es ist sehr gut organisiert und in der Region als „Dali Gompa" bekannt. Das Geld für den Bau seines Klosters bekam Thugsey Rinpoche von Schülern aus dem Westen, aus Taiwan und auch vom Drukchen selbst. Ein Sponsor bezahlte ein Fresko, einer eine Statue, einer eine Toilette und einer ein Zimmer – und so wurde das Kloster langsam ausgebaut.

Die Mönche lernen ähnlich wie in den Klosteruniversitäten anderer Traditionen nach eigenen Klostertexten, die Padma Karpo, der vierte Drukchen, verfasst hat. Die Ausbildung ist zeitlich nicht limitiert, man kann sieben oder neun Jahre studieren, wenn man will, oder auch nur drei Jahre. Das sei wirklich genug, erklärte uns Lama Ngawang Tenzing Gyatso, der junge Generalsekretär des Klosters, um ein Grundwissen der Philosophie zu erwerben, denn das Entscheidende sei die Praxis der Meditation. Nach dem Studium werden die Mönche für drei Jahre in verschiedene Klausur-Zentren der Drukpas geschickt und lernen die verschiedenen

Meditations-Techniken; dann kommt die Anwendung des Gelernten. Dafür gibt es kein Zeitlimit mehr, das wird lebensbegleitend. Der Mönch betet dann täglich: „Möge mein Leben meiner Praxis gleichkommen." Das wichtigste Tantra der Drukpas sind die „Sechs Yogas des Naropa", von denen schon die Rede war. Die Übertragungslinie ihrer Lehren ist die gleiche wie in der Biographie von Kalu Rinpoche beschrieben, ausgehend von Dorje Chang, dem Ur-Buddha, über Tilopa bis hin zu Gampopa.

Zum Kloster gehören auch ein Institut für buddhistische Studien, ein Waisenhaus, ein Hospital, ein Altenheim sowie zwei Farmen mit vierzig Milchkühen und eine Weberei. Von diesen Institutionen profitieren auch die tibetischen Laien in der Region, für die sich Thugsey Rinpoche immer ganz besonders eingesetzt hat. Das ist anderswo auch heute noch keineswegs selbstverständlich, obgleich viele Klöster im Exil durch Spenden aus dem Westen und Südostasien wieder relativ wohlhabend geworden sind – die Laien sind dagegen oft bitterarm.

Thugsey Rinpoche war an allem interessiert, was zu seiner Zeit im Exil geschah, und fühlte sich als Tibeter der ganzen Flüchtlingsgemeinschaft verpflichtet. Er war ein fortschrittlicher, für soziale Fragen aufgeschlossener Lama und damit in seiner Zeit eine Seltenheit. Vor allem den jungen Leuten, die schon im Exil aufgewachsen waren, gab er immer wieder Hinweise, die er oft in Gedichtform kleidete, wie sie ihre Kultur und ihre Tradition bewahren könnten und wie sie sich gegenüber dem Dalai Lama als ihrem Führer verhalten sollten. Er gab den Tibetern auch ganz praktische Ratschäge für ihren Alltag, vor allem zur Verbesserung der hygienischen Verhältnisse, also reinlich zu sein, das Wasser abzukochen und so fort, um damit Krankheiten vorzubeugen.

Auch die Politik interessierte ihn, und er machte dem Dalai Lama, dem er sehr nahe stand, brieflich viele Vorschläge, wie man die tibetische Gesellschaft ändern, für ihre neue Umgebung aufschließen und sie demokratisieren könne. Damals gab es viele radikal denkende Gruppen unter den Tibetern, die für eine bestimmte Organisation oder für ein bestimmtes Kloster, in jedem Fall für partikulare Interessen agierten. Die tibetische Sache als Ganzes hatten sie meist nicht im Blick. So war es früher stets gewesen, und so ist es, sagen politisch engagierte junge Tibeter, leider auch heute noch, vor allem in der älteren Generation. Das Denken der Tibeter war und ist sehr traditionell und hierarchisch, trotz aller Bemühungen des Dalai Lama, dies zu ändern. Thugsey Rinpoche hat diese Problematik genau erkannt und sehr wohl gesehen, dass man sich an die jungen Leute wenden muss, wenn man überhaupt etwas ändern will.

Es war ihm wichtig, deutlich zu machen, dass man voranschreiten müsse, auch wenn das Exil eine Katastrophe für jeden einzelnen Tibeter sei, und man sollte das Beste aus jeder Veränderung, auch der Umbrüche in der Gesellschaft als ganzer, machen. Er sagte immer wieder zu seinen Schülern: „Wir müssen für die Gesellschaft arbeiten!" Er kannte keine sozialen Unterschiede, und es war ihm völlig egal, ob ein Ratsuchender einflussreich oder ein Straßenarbeiter war. Wenn jemand gestorben war und man ihn rief, dann ging er hin, ob die Leute nun reich oder bitterarm waren. Er sah auch die ganze Klostergemeinschaft als eine große Familie an, der er wie ein Vater vorstand, und kehrte nie den hohen Lama heraus.

In Tibet hatten sich die Klöster selbst unterhalten, sie waren Grundeigentümer mit Leibeigenen und großen Herden Vieh. Im Exil war alles anders. 1959 und in den ersten Jahren danach mussten Mönche und Laien ohne Unterschied im Straßenbau arbeiten, viele wurden krank, viele starben. Vor allem die Tuberkulose grassierte unter den Tibetern – das hat sich trotz aller Bemühungen der tibetischen Ärzte bis heute nur relativ gebessert, niemand weiß genau, warum die Tibeter so anfällig für die Tuberkulose sind. Auch Thugsey Rinpoche hatte anfangs keinerlei Einkünfte. Die tibetischen Flüchtlinge gaben ihm Geld, viele kleine Summen, obgleich sie selbst oft große Not litten – einfach aus ihrem Glauben heraus, dass sie dafür etwas wiederbekommen würden. Einen Segen, der ihnen Gesundheit und Reichtum bringt. Der Rinpoche hat diese Hilfe nie vergessen und immer wieder betont, dass die Klöster von der Gemeinschaft aller Tibeter leben und diese ihrerseits die Verpflichtung haben, etwas für diese Gemeinschaft zu tun. Man kann das aktives Mitgefühl nennen, in jedem Fall war es ein sehr neuer Aspekt im Tibetischen Buddhismus. Auch der Drukchen hat wieder und wieder betont, es sei völlig richtig, was der Dalai Lama sage: „Lasst uns etwas für die Gemeinschaft tun." In seinem „Buch der Freiheit" schreibt der Dalai Lama darüber hinaus ganz pointiert: „Ich habe den Eindruck, dass buddhistische Mönche und Nonnen viel über Mitgefühl reden, ohne jedoch konkret etwas dafür zu tun." Und an die Adresse der Klöster gerichtet, hat er in den letzten Jahren sehr oft davon gesprochen, dass man mit der aufwendigen Ausschmückung der Klöster aufhören und das Geld lieber für die Verbesserung der Hygiene in den Klöstern, für die gesundheitliche Betreuung der Mönche und für die Einrichtung von Klosterschulen verwenden solle. Diese Mahnungen hätte Thugsey Rinpoche sicher voll unterstützt.

Eines der wichtigsten Dinge, die Thugsey Rinpoche für die Flüchtlinge getan hat, war die Gründung eines Gesundheitszentrums, einer Ambulanz, die allen offen stand, Tibetern wie mittellosen Indern. Neben der kostenlosen medizinischen Versorgung hat die Klinik auch Erste-Hilfe-Kurse besonders für Lastwagenfahrer eingerichtet – nur wer die Straßenverhältnisse und die Fahrweise in Indien kennt, mag ermessen, wie segensreich das ist. Daneben bietet sie auch Aufklärungsprogramme über Aids, Alkohol- und Drogensucht an. Probleme, die inzwischen auch bei den Tibetern auftreten.

Aber auch hier siegt immer wieder das traditionelle Denken. Der spirituelle Kontakt mit einem Lama besteht für Tibeter – ganz im Gegensatz zu den Verhältnissen im Westen – hauptsächlich darin, Mönche zu Ritualen bei Tod und Geburt in ihr Haus einzuladen, um drohendes Unheil abzuwenden, Geister zu vertreiben und, vor allem, um Geschäfte günstig zu gestalten. Im Wesentlichen genügt der Segen des Lama, den man bezahlen muss. Obwohl die Laien die Einrichtungen, die ihnen das Kloster von Thugsey Rinpoche zur Verfügung stellt, durchaus schätzen, spenden sie sehr selten etwas ausdrücklich für die Klinik oder das Altenheim, die sich selbst unterhalten müssen und ständig auf der Suche nach Sponsoren sind, und geben ihr Geld lieber dem Kloster.

Lhamo Phenbo, die junge Leiterin der Klinik und Tochter des Arztes, der Thugsey Rinpoche bis zu seinem Tode betreut hat, erklärte uns das so: „Die Leute wählen immer das Kloster, wenn sie vor die Wahl gestellt werden, wofür sie spenden wollen. Sie wissen, dass dort für sie gebetet wird, und sie sind daran gewöhnt, für Gebete zu bezahlen. Sie wissen, dass sie dem Lama dafür zehn oder fünfzig oder hundert Rupien geben müssen. Nach der gängigen Meinung erwerben sie damit die gleichen Verdienste, als wenn sie der Klinik Geld für einen Tuberkulosekranken geben. Wenn im Kloster eine kostbare Statue angefertigt werden soll, dann spenden sie selbst ihren eigenen Schmuck. Aber niemand gibt seine goldenen Ohrringe für ein krankes Kind, das vielleicht kein Jahr mehr leben wird. So ist eben die menschliche Natur. Es ist Tradition, dass man eine Butterlampe als Opfergabe darbringt oder einfach dem Lama Geld in einem Umschlag gibt. In jedem Fall erhofft man sich etwas davon, für sich selbst, für die eigene Familie. Aber niemand will irgendeine Verantwortung für die Nachbarn oder die Gemeinschaft, in der man lebt, übernehmen. Irgendwie ist das nicht sehr gut, ganz allgemein nicht und ganz besonders nicht im Exil.“ Wenn man bedenkt, dass das Denken und Wirken von Thugsey Rinpoche sehr viel stärker um die Gemeinschaft kreiste, als das sonst bei den tibetischen Lamas üblich ist, dann ist das ein Fazit, das traurig macht.

Thugsey Rinpoche war, wie Lama Tenzing meint, ein ganz besonderer, geradezu detailversessener Lama: „Wissen Sie, unsere Rituale, unsere Gebete kann man viele Tage lang machen oder einen Tag oder nur zwei Stunden – wie man will und wie man Zeit hat. Rinpoche war jemand, der Tage brauchte – und das blieb in seinem ganzen Leben so. Seine Pujas dauerten endlos, dabei war es eine Freude, ihm zuzuhören, wenn er sang, seine Stimme war so tief und wohltönend. Aber er vergaß völlig die Zeit, und seine Mönche hatten es deswegen oft ziemlich schwer mit ihm." Der Lama hatte nicht nur einen sehr starken Charakter und Willen, sondern war physisch für einen Tibeter sehr groß und sehr stark, ein richtiger Khampa – seine Familie kam, wie soll es anders sein, aus Kham – und muss auf andere Menschen sehr beeindruckend und respekteinflößend gewirkt haben.

Er musste immer etwas planen und war ein harter Arbeiter mit einer sehr genauen Vorstellung von dem, was er erreichen wollte. Dabei war er sehr diszipliniert, immer ruhig, aber wenn etwas schief ging, konnte er auch recht heftig werden. Meist leiteten ältere Mönche die Pujas im Kloster, und es kam schon einmal vor, dass sie ein Gebet vergaßen oder eine Kleinigkeit in den Ritualen falsch machten. Dann stoppte der Rinpoche die Puja und übernahm selbst die Leitung – und alles dauerte doppelt so lange. Damals hatten alle Mönche Darmprobleme durch das schlechte Wasser, litten unter ständigen Durchfällen und mussten dauernd auf die Toilette rennen. Das betraf natürlich auch Thugsey Rinpoche selbst, aber irgendwie konnte er das während der überlangen Pujas kontrollieren – und die armen Mönche mussten fürchterlich leiden.

Die Ausbildung des Drukchen war für den Rinpoche sehr wichtig, und er hat immer wieder betont, das Beste und Größte, was man im Leben tun könne, sei, dem Drukchen zu dienen und damit dem Dharma. Er hatte für den noch so jungen Drukchen den größten Respekt. Um das zu verstehen, muss man sich vor Augen halten, dass damit nicht dieser Junge allein gemeint war, den er aufzog und der beim Tode von Thugsey Rinpoche erst siebzehn Jahre alt war, sondern das Bewusstseinskontinuum, das sich in ihm inkarniert hatte, die ganze lange Linie aller Drukchens bis hin zu Naropa, ja bis zu Chenresig.

In seinem Denken war der Rinpoche seiner Zeit weit voraus, wenn man seinen traditionellen Hintergrund bedenkt und sein Alter, als er sein Kloster endlich aufbauen konnte. Er wurde von anderen Lamas als eine sehr energische, aber auch in einem guten Sinne eigensinnige Persönlichkeit angesehen. Wenn er sich ein bestimmtes Projekt in den Kopf gesetzt hatte, dann setzte er es auch durch, aber er wollte nichts für sich, um etwa sein Ansehen zu mehren, er wollte nur etwas für andere bewirken. Mitgefühl war immer die Grundlage seines Handelns. Das zeigte sich auch in ganz kleinen Dingen. In Tibet lud man auch hohe Lamas ohne Umstände in sein Haus ein, und im Exil war das genauso. Thugsey Rinpoche hat niemals nein gesagt, wenn man ihn bat zu kommen; und wenn jemand gestorben war, ging er selbst nachts in die Häuser. Er betete endlos lang, als gäbe es keine Müdigkeit für ihn. Er vergaß völlig, dass vielleicht die Angehörigen des Toten müde und erschöpft waren. Es war ihm fast unmöglich, „nein" zu sagen, wenn man ihm etwas zu essen anbot. Einmal hat er sechsunddreißig Momos gegessen, jene köstlichen, mit Fleisch gefüllten Teigtaschen, welche die Tibeter so lieben – weil er nicht sagen konnte: „Stopp, ich bin satt, liebe Leute."

Wenn er meinte, etwas sei spirituell segensreich, setzte er das durch, auch wenn es anderen Leuten nicht passte. So lud er einmal Trijang Rinpoche, den jüngeren Tutor des Dalai Lama, zu einer Belehrung ein, die ihm sehr am Herzen lag. Damals, sagt Lama Tenzing, wollten viele Leute in der Region wegen des Shugden-Problems mit diesem Lama keinen Kontakt haben – wir werden später noch davon hören. Das wurde schon lange intern diskutiert, ehe es 1996 öffentlich wurde. Man sagte damals, Trijang Rinpoche sei sehr gebildet, ein großer Gelehrter, er sei auch wichtig für die Gelugpas, aber die Lamas der Nyingmapa- und Kagyü-Tradition, die in der östlichen Himalaya-Region überwiegen, wollten nichts mit ihm zu tun haben. Aber Thugsey Rinpoche meinte, was ein Lama privat praktiziere, könne eigentlich niemandem schaden, denn niemand wisse das. Es bleibe sein Geheimnis, das kaum jemand auch aus seiner engsten Umgebung wirklich kenne und das oft erst nach seinem Tode offenbar werde. „Wenn ein Lama wirklich gut praktiziert, dann erreicht er eine Reinheit", sagte Thugsey Rinpoche damals, „dass ihn nichts Negatives mehr berührt, nichts ihn mehr bindet." Aber viele Leute wollten das nicht verstehen, auch die königliche Familie von Bhutan, zu welcher der Rinpoche sehr gute Beziehungen hatte, war überhaupt nicht glücklich über seine Entscheidung. Aber er ließ von seinem Plan trotz aller Bedenken seiner Umgebung nicht wieder ab.

Lama Tenzing erzählte uns, dass er selbst zwar der Schüler des Rinpoche wurde, weil sein Vater und auch der Rinpoche es so wollten – die beiden verband eine langjährige Freundschaft schon in Tibet –, aber so ernst habe er das anfangs nicht genommen. Er kam gerade von der Schule, hatte viele Freunde, war zu jung und zu unreif. Buddhismus interessierte ihn nicht besonders. Er verstand eigentlich nicht, warum dieser Lama für viele Tibeter so wichtig war und brauchte lange, um zu erkennen, dass der Rinpoche eine ganz bedeutende Persönlichkeit war, nicht nur ein großer Lama, sondern einfach ein vollkommener Mensch. Später wurde er für ihn der Inbegriff des Buddhismus. Als einer von fünf Betreuern, als sein Sekretär und Übersetzer, lebte er später den ganzen Tag mit Thugsey Rinpoche zusammen. Der Lama ging um zehn Uhr abends zu Bett, bis dahin mussten alle aufbleiben. Wenn er schlafen ging, warfen sich alle vor ihm nieder, um ihm ihren Respekt zu erweisen. Morgens um zwei oder drei Uhr stand er wieder auf und wusch sich aus einer Schüssel, wie bei uns in Großvaters Zeiten. „Er war sehr, sehr sauber", sagt Lama Tenzing, „und er roch sehr, sehr gut, sehr ungewöhnlich. Es war wie ein angenehmes Parfüm – wir nannten das den Geruch der Moral."

Es gab da im Kloster noch einen anderen Lama, der kein Tulku war, aber ein großer Gelehrter. Er war der Abt; und er und Thugsey Rinpoche waren wie eine Seele mit zwei Körpern. Sie waren ein Leben lang engste Freunde, wuchsen zusammen auf, wurden zusammen erzogen, studierten zusammen und starben fast zur gleichen Zeit. Dieser Freund hieß Khenpo Noryang – der Titel Khenpo bedeutet hier Abt, bei den Nyingmapas ist es der Titel eines Lehrers der Philosophie. Man mochte ihn nicht auf den ersten Blick, er wirkte eher kalt auf andere, obgleich er herzensgut und eigentlich, wenn man ihn besser kannte, ungemein nett war. Er war sehr strikt und kannte nur schwarz oder weiß, nichts dazwischen. Der Lama war ein brillanter Gelehrter, dabei persönlich sehr bescheiden. Er machte alles selbst, was sonst dienende Mönche für einen hochgestellten Lama machen, auch Geschirr waschen. Er wusste sofort, was mit seinen Studenten los war, wenn er sie nur ansah, er durchschaute sie, aber sagte nie etwas von sich aus. Das war ganz im Gegensatz zu Thugsey Rinpoche, der sofort fragte: „Hallo, was ist los mit dir?“

Der Khenpo hat nie in seinem Leben gebadet, nie eine Dusche genommen. Er nahm etwas Leitungswasser, betupfte sich das Gesicht und den Hals, wusch sich die Hände, aber er verabscheute Seife. Seine Kleider wurden nie gewaschen – aber auch von seinem ungewaschenen Körper ging ein unglaublich guter Geruch aus. Niemand konnte das verstehen. Vor seinem Tode lag er zwei Wochen im Krankenhaus. Lama Tenzing pflegte ihn, wusch ihn jeden Morgen und war jeden Tag aufs Neue verwundert. Das Handtuch, mit dem er ihn abtrocknete, war niemals dreckig. Ein absolut unverständliches Phänomen in einer Gegend, in der Staub den ganzen Tag über durch alle Ritzen dringt.

Als sein Freund dann gestorben war, hat Thugsey Rinpoche tagelang nur geweint und war völlig untröstlich. Nichts und niemand konnte ihn beruhigen – er selbst starb zwei Monate später. Der Leichnam des Abtes wurde neunundvierzig Tage lang im Kloster aufgebahrt, ohne Zeichen der Verwesung zu zeigen, und dann in einem speziellen Ofen (Purkhang) verbrannt. Nach drei oder vier Tagen öffneten ihn die Mönche und fanden in der Asche zu ihrem größten Erstaunen seine Augen, sein Herz und seine Zunge in einem Stück und völlig unverbrannt, man konnte sie genau identifizieren. Nur die Außenseite war ein bißchen schwarz. Wir haben zwei Augenzeugen gesprochen, die das selbst gesehen haben. Chatral Rinpoche – ein sehr alter, berühmter Nyingma-Lama, der ebenfalls im Distrikt Darjeeling lebt – hatte die Verbrennung geleitet, wie er das schon früher bei anderen hohen Lamas gemacht hatte, auch beim Karmapa. Er sagte später, so etwas habe er noch nie gesehen. Es war ein Zeichen für einen guten Übergang. Diese Überreste entsprechen den drei Aspekten des Körpers, der Rede und des Geistes und werden heute in einem Stupa, einem Reliquienschrein in der Klosterbibliothek, aufbewahrt. Es gibt übrigens auch über christliche Heilige aus dem Mittelalter ähnliche Berichte.

Lama Tenzing meinte dazu: „Ich glaube nicht, dass man solche Geschehnisse Wunder nennen oder sie als übernatürlich bezeichnen sollte. Sie sind natürlich, genauso wie die Butter in der Milch verborgen ist, man kann sie nicht sehen – es muss nur etwas mit der Milch gemacht werden, damit die Butter sichtbar wird. Es ist alles im Körper natürlicherweise vorhanden, manches ist verborgen. Wenn das herauskommt, sichtbar oder greifbar wird, reden wir von einem Wunder. Solche Phänomene sind vollkommen normal, sie passen nur nicht in die Muster, in denen wir gewöhnlich denken. Es ist genauso, wenn Sie mich sehen. Ich bin ein Mönch. Sie wissen, dass ich einen außerordentlichen Lehrer hatte und vermuten vielleicht, dass ich in meiner Praxis weit fortgeschritten bin; aber die Wahrheit bleibt Ihnen verborgen. Milarepa hat einmal gesagt, dass man auch in einem ganz gewöhnlichen Haus die Erleuchtung bekommen kann. Man muss nicht Mönch sein, man muss nicht in Klausur gehen. Es ist alles nur eine Frage der Meditationspraxis. Das Potenzial für das, was man ein Wunder nennt, ist in jedem von uns angelegt, in Ihnen genauso wie in mir. Genauso war es mit den Meistern, von denen wir gesprochen haben. Es gibt aber in jeder Generation nur wenige, welche diese Praxis haben, denen die Umstände so glücklich waren, dass sie ihr ganzes Leben lang praktizieren und weit fortschreiten konnten."

Die Kleidung von Thugsey Rinpoche war immer bescheiden, er trug nie teure Stoffe – im Gegensatz zu Lama Tenzing. Der trug kostbare Roben, teure Schuhe, weil es ihm einfach Freude machte. Teure Kleider waren sein Wahrzeichen. Wenn man ihn zufällig in der Stadt Darjeeling traf, konnte man ihn schon von weitem erkennen. Thugsey Rinpoche hat das durchaus toleriert und nur immer gesagt: „Du kannst gute Sachen tragen, wenn es dir Freude macht, aber du musst es ohne Anhaftung tun, ohne dein Ego damit aufzublähen. Der Körper ist wie ein Tempel. Deine Kleider musst du wie eine Opfergabe ansehen und du musst dir immer bewusst sein, dass es im Grunde unwichtig ist, was du trägst." „Aber", meinte der Lama, „im Englischen heißt es auch „A good dress opens the door." Wenn Sie gut angezogen sind, lädt man Sie überall hin ein. Sonst kümmert sich keiner um Sie, und Sie können den Dharma nicht verbreiten." Dass Thugsey Rinpoche diese Einstellung bei einem damals sehr jungen Mann um die zwanzig akzeptiert hat, spricht für seine große Toleranz auch in praktischen Dingen.

Der Rinpoche kümmerte sich in seinem Kloster um alles, auch um das Essen seiner Mönche. Er ging in die Küche und schaute den Köchen in die Töpfe. „Jeder einzelne Mönch ist wichtig für mich", sagte er. Ein einziger Mönch reicht aus, um den Buddhismus zu bewahren. Jeder einzelne Mönch ist ein Same, um den Buddhismus zu erhalten, deshalb muss ich gut zu meinen Mönchen sein, was immer auch geschieht." Er legte großen Wert darauf, dass die Mönche sauber und korrekt angezogen waren. Niemand durfte ohne sein Oberkleid aus dem Kloster gehen, auch wenn es noch so heiß war. Wurde einer erwischt, dass er zu freizügig gekleidet nach draußen ging, etwa im Netzhemd und mit geschürzten Unterkleidern – so gekleidete Mönche kann man öfter in den großen Klöstern in Südindien sehen –, dann wurde er sofort vor den Disziplinarmeister beordert und musste Butterlampen opfern. Auch die Zimmer, die Tische, die Regale. Alles musste sauber und aufgeräumt sein.

Vor und nach dem Essen brachte man dem Rinpoche stets heißes Wasser und ein Handtuch. Er säuberte auch immer seine Fingernägel. „Mit dreckigen Händen darf man kein Tsampa essen", meinte er und machte vor jedem Essen eine Opferung für die Gottheit. Solche Sauberkeit ist nicht unbedingt ein Wahrzeichen der Tibeter, meinten ganz offen unsere Informanten. Wenn man weiß, wie sich im Exil die älteren Mönche gegen jede Verbesserung der hygienischen Bedingungen in ihren neu erbauten Klöstern gewehrt haben, weil es ja in Tibet auch nicht anders gewesen sei, dann war das Dali Gompa damals jedenfalls eine absolute Ausnahme.

Thugsey Rinpoche war auf der anderen Seite sehr traditionell. Aber was für ihn richtig war, musste nach seiner Meinung nicht unbedingt auch für alle anderen gelten. Er meinte, man dürfe niemanden auf seinen Weg zwingen, einem Schüler die Ansichten des Lehrers aufzwingen. Wenn Schüler einen Fehler machten, ihre Mantras nicht richtig beteten oder nachlässig in ihren Niederwerfungen waren, dann schalt er sie nicht, sondern sagte: „Du musst ein gutes Herz haben, das allein ist wirklich wichtig." Er gab seinen Schülern eine Option, aber er ließ ihnen ihren eigenen Willen, jeder von ihnen musste seinen eigenen Weg finden.

Der Rinpoche war eng befreundet mit Kalu Rinpoche, dessen Kloster etwa eine halbe Autostunde vom Dali Gompa entfernt liegt. Aber im Gegensatz zu Kalu Rinpoche, der nie von sich aus auf andere Menschen zuging, wollte Thugsey Rinpoche immer dabei sein, wenn irgendwo etwas Wichtiges diskutiert wurde. Kalu Rinpoche sagte dann: „Wenn sie Hilfe brauchen, sollen sie zu uns kommen.“ Aber Thugsey Rinpoche erwiderte: „Ich glaube, wir müssen da etwas machen, meinst du nicht?“

Er war der Halter aller Lehren, Überlieferungen und tantrischen Einweihungen der Drukpa-Schule und, so wird gesagt, ein mächtiger Tantriker und ein wirklicher Heiliger. Besonders die Ladakhis verehrten ihn sehr. Das berühmte Kloster Hemis in der Nähe von Leh hatte Taktsang Repa, der bedeutendste Schüler des fünften Drukchen, Anfang des 18. Jahrhundert gegründet. Er soll ein berühmter Tantriker gewesen sein und stand dem damaligen König von Ladakh sehr nahe. Deshalb konnten sich die Drukpas dort so ausbreiten, dass heute achtzig Prozent der Bevölkerung dieser Schule anhängen. Thugsey Rinpoche hat viel dazu beigetragen, das Kloster Hemis zu restaurieren und tat auch sonst viel für die Ladakhis. Er half nach seinen Kräften mit, dass Ladakh sich entwickelte und modernisierte, dabei vergaß er aber nie, dass es in jener Zeit die wichtigste Aufgabe war, die alte Kultur und Religion zu bewahren. De facto gab es aber damals wie heute viele Probleme mit den Verantwortlichen der Klöster, die sich gegen eine Modernisierung auch in wirtschaftlicher Hinsicht stemmten. Die Klöster verfügen über großen Grundbesitz, der aber nichts einbringt. Andrew Harvey, der in seinem Buch „A Journey in Ladakh“ Thugsey Rinpoche portraitiert hat, berichtet, dass der junge Drukchen ihm damals (1981) die Schwierigkeiten mit der traditionellen Denkweise der Mönche schilderte. Wir haben diese Problematik selbst kennen gelernt, als wir Mitte der achtziger Jahre mit dem Ngari Rinpoche, dem inkarnierten Lama von sieben Gelug-Klöstern in Ladakh, durch das Land gereist sind.

Etwa Ende der 70er hatte es in Ladakh zwölf Jahre lang nicht mehr geregnet, mit den entsprechenden katastrophalen Folgen. Die Ladakhis baten den Rinpoche inständig, ihnen zu helfen. Er kam und machte an einem Wasserlauf spezielle Pujas. Es sind bestimmte Gebete, die an sich jeder lernen kann, aber er muss die entsprechende Ermächtigung haben, den Segen der Linie. Aber selbst dann muss man eher bezweifeln, ob es jedem Lama gelingt, Regen zu machen. Jedenfalls ließ Thugsey Rinpoche es damals regnen und kam von da an jedes Jahr wieder, um dieses Ritual durchzuführen.

Im Besitz der Thronhalter der Drugpas ist heute noch eine Zeremonialkleidung, die einmal Naropa gehört hatte, von dem die Drukchens sich herleiten. Es sind einfache Kleider mit Armbändern und Knochenschmuck, etwa so, wie man das von Abbildungen der Schamanen her kennt. Diese tantrische Ritualkleidung soll eine ungeheure Kraft haben – oder dem geben, der sie trägt, und die Drukchens haben sie durch die Jahrhunderte hindurch bei bestimmten Zeremonien angelegt, nachdem sie vorher lange meditiert hatten. 1980 waren Thugsey Rinpoche und der junge Drukchen zusammen in Ladakh. Der Drukchen segnete die Ladakhis, die sich in großen Massen – es sollen 23 000 Menschen gewesen sein – , vor dem Kloster Hemis versammelt hatten und trug dabei eben jene Kleidung. Genau in dem Moment, als er mit der Zeremonie begann, erschien ein Regenbogen rund um die Sonne, wie ein Kranz. Lama Tenzing war dabei und erzählt, dass es unglaublich schön gewesen sei. Das gleiche Phänomen war aufgetreten, als der jetzige Drukchen diese Kleider zum ersten Male anlegte, und bei dem Vater von Thugsey Rinpoche war es genauso gewesen. Es gibt schriftliche Berichte darüber, „aber wenn man es selbst sieht", sagt der Lama, „dann ist das doch etwas umwerfend für einen modernen, aufgeklärten Mönch wie mich, einfach überwältigend. Es sah erst wie ein Pfeil, wie ein Komet am Himmel aus, dann bildete sich dieser Bogen um die Sonne."

1981 reiste Thugsey Rinpoche nach Frankreich und lehrte in Paris. „Seine Belehrungen waren sehr, sehr traditionell, wie auch die der anderen tibetischen Meister damals. Viele Leute verstanden absolut nichts", sagt Lama Tenzing, der ihn begleitete, „aber sie waren trotzdem glücklich, ihn nur anzusehen. Seine Gegenwart motivierte sie unglaublich. Er war so machtvoll und überzeugend, und das war wichtiger, als dass die Menschen ihn wörtlich verstanden. Sie sahen zu ihm auf, als wären sie wirklich verliebt in ihn" – auch das wird von fast allen Lamas berichtet, über die wir in diesem Buch erzählen.

Für Lama Tenzing, den modernen Mönch, war diese erste Begegnung mit dem Westen ein ziemlicher Schock. Die Leute seien so deprimiert gewesen, so voller Ängste und Spannungen, man habe es mit den Händen greifen können, und er verstand überhaupt nicht, warum das so war. Sie sahen so reich aus, aber wenn sie ihre Geschichten erzählten, dann habe er allmählich begriffen, dass sie viele, viele Probleme hatten. Es war so viel Negatives in ihnen. Für den jungen Lama war das einfach zu viel. Er bekam großes Heimweh und wollte schnell wieder nach Hause. Aber Thugsey Rinpoche verstand das alles. Für ihn war alles ziemlich normal, und er akzeptierte die Menschen, wie sie eben waren. Der Buddhismus werde eine große Hilfe für den Westen sein, wie eine äußerst wertvolle Arznei, davon war er überzeugt. Man müsse sie nur zu nutzen wissen. Man müsse den Buddhismus nur richtig erklären, er sei so logisch, so befreiend, und es käme nur darauf an, was man daraus mache, meinte er. Im Übrigen gab es für ihn nicht die engen Grenzen der jeweils eigenen Tradition: „Wenn ich herausstelle, dass ich Christ bin, Buddhist oder Muslim", sagte er, „dann ist es nur mein Ego, das aus mir spricht."

Er gab viele Belehrungen entsprechend der Drukpa-Tradition – Lama Tenzing nannte die Zahl 84 000 und meinte damit unendlich viele. Er wiederholte immer wieder: „Ich kann euch nur den Weg zeigen, aber die Wandlung muss aus euch selbst kommen. Ihr müßt euch anrühren lassen, aber ihr braucht viel Zeit. Wenn ihr falsch praktiziert, dann wird es sein, als hättet ihr Gift genommen und ihr werdet immer unwissender. Ihr müsst euch von innen heraus ändern und dürft die Schuld nicht außerhalb suchen. Was euch unglücklich macht, ist euer eigener Geist." Dieses Zitat sollte man auch heute noch vor jeder buddhistischen Belehrung deutlich und eindringlich wiederholen.

Thugsey Rinpoche war sehr ein klarer Denker und sehr scharfsinnig. Er wusste sofort, wenn er mit jemandem sprach, wen er vor sich hatte. Dabei war er aber stets sehr liebevoll und wie ein gütiger Vater zu allen Menschen in seiner Umgebung. Als Lhamo Phenbo ihm einmal eröffnete, sie wolle Nonne werden, sagte er sehr sanft: „Du würdest das nicht einmal ein Jahr aushalten. Mache deine Arbeit weiter, das ist gut genug." Er sah in allen Menschen nur das Gute und sagte beispielsweise: „Schaut, wie sauber die Westler sind, welche Hygiene sie haben, das sollten wir von ihnen lernen." Über die Gelugpas sagte er: „Seht euch ihre Moral an und ihre Disziplin, davon können wir alle lernen", und betonte stets das Gemeinsame zwischen den tibetischen Traditionen, nie die Verschiedenheiten. Auch in Frauen sah der Rinpoche, im Gegensatz zu vielen tibetischen Mönchen, absolut nichts Untergeordnetes. In diesem Punkt dachten alle Meister, von denen in diesem Buch die Rede ist, völlig gleich.

Thugsey Rinpoche starb 1983 in einem Krankenhaus in Delhi. Er hatte eine schwere Zuckerkrankheit, vergaß aber immer, dass er krank war, und die Ärzte hatten große Probleme mit ihm. Man musste ihn so weit weg bringen, weil es damals in Darjeeling kein besonders gutes Krankenhaus gab, und erstaunlicherweise war der Rinpoche damit auch einverstanden. Niemand ahnte, dass er sterben würde. Aber er selbst muss es gewusst haben, denn es war das erste Mal, dass er fünf Mönche für bestimmte administrative Aufgaben bestimmte – bis dahin gab es keine besondere Verwaltung wie heute, denn das Kloster war noch ziemlich klein.

Nach seinem Tod wurde sein Leichnam nach Darjeeling zurückgebracht und neunundvierzig Tage lang in Meditationshaltung aufgebahrt. Der Körper löste sich nicht auf, es gab keinerlei unangenehmen Geruch. Ganz im Gegenteil. Es ging von der Leiche des Rinpoche der gleiche angenehme Duft aus wie zu seinen Lebzeiten. Bei christlichen Heiligen, bei denen dieses Phänomen auch auftrat, nannte man das den Geruch der Heiligkeit. Erst nach drei oder vier Wochen musste man den Körper in tibetisches Steinsalz einpacken, um Flüssigkeitsansammlungen aus dem Gewebe abzuziehen. Das ist keine Besonderheit verwirklichter tibetischer Lamas. Laut Mitteilung der Friedhofsverwaltung von Los Angeles zeigte auch der Körper von Swami Yogananda am Tage seiner Einsargung – zwanzig Tage nach seinem Tode – keine Zeichen der Verwesung. Bei der Verbrennung des Leichnams, die wiederum von Chatral Rinpoche geleitet wurde, waren viele Lamas zugegen, die von überall her angereist waren – was damals ziemlich zeitaufwendig und mühselig war. Es gab es keine außergewöhnlichen Ereignisse, keine Regenbögen, keine Ringsel, nichts.

Thugsey Rinpoche war zwar selbst kein Tulku gewesen, aber er wurde der Gründer einer neuen Tulku-Linie, denn seine Schüler baten den Dalai Lama und den Drukchen, seine Reinkarnation zu finden. Beide taten sich zusammen und warteten ab, ob sie in ihrer Meditation Visionen oder Träume hatten. „Bei den Nyingmapas und den Kagyüpas muss eine Reinkarnation von einem Lama gesucht werden, der weit fortgeschritten in seiner Meditationspraxis und voller Mitgefühl mit allen Menschen ist, der völlig sein Ego überwunden hat und und eine große tantrische Kraft besitzt. Nur der kann einen Tulku erkennen, nur er kann entscheiden, ob ein Kind der wahre Tulku ist; denn dieses Kind ist ein Wesen mit hochentwickelter Spiritualität, das sofort nach seiner Auffindung sehr, sehr wichtig für viele Menschen sein wird", erklärte uns Lama Tenzing. Es dauerte drei Jahre. 1987 kamen der Dalai Lama und der Drukchen in einer Klausur-Höhle in der Nähe des Klosters Hemis in Ladakh zusammen und meditierten dort zwei Stunden lang. Jeder für sich schrieb anschließend den Namen der Reinkarnation nieder. Beide hatten den gleichen Namen. Das war die endgültige Entscheidung, es gab keine anderen Kandidaten und keine Prüfung.

Der jetzige Thugsey Rinpoche wurde 1986 geboren und ist das Kind einer sehr armen Nomadenfamilie in Ladakh. Zur Zeit seiner Geburt gab es viele Zeichen, die darauf hinwiesen, dass hier ein ganz besonderes Kind geboren worden war. So wurden Vögel gesehen, groß wie Krähen, die niemand je zuvor in der Gegend beobachtet hatte, auch regnete es eine Woche lang, obwohl das für die Jahreszeit absolut ungewöhnlich war. Nach der Auffindung und Anerkennung durch die beiden hohen Lamas wurde der junge Tulku in Ladakh inthronisiert, und die Ladakhis waren glücklich, dass seit langer Zeit endlich wieder eine hohe Wiedergeburt unter ihnen erschienen war. 1988 wurde er nach Darjeeling gebracht und dort nochmals feierlich inthronisiert. Thugsey Rinpoche ist heute ein ungewöhnlich liebenswürdiger, ja bezaubernder Junge mit einer ganz besonderen Ausstrahlung, der sehr behutsam und liebevoll auf seine Aufgabe vorbereitet wird.

Quellennachweise:

Dalai Lama: Das Buch der Freiheit. Gustav Lübbe Verlag, Bergisch Gladbach 1990

Interview mit Lama Ngawang Tenzing Gyatso im Dali Gompa in Darjeeling, am 26./27.9.1999 und am 10.10.2001

Interview mit Lhamo Phenbo in Darjeeling, am 12.10.2001

Harvey, Andrew: A Journey in Ladakh. Oicador, London 1993

Merton, Thomas: Asiatisches Tagebuch, Benziger Verlag, Zürich 1987

V. Kyabje Zong Rinpoche (1904-1984)

Zong Rinpoche – er hieß mit vollem Namen Zongtrul Jetson Losang Tsondup Thubten Gyaltsen – wurde ebenfalls in Kham geboren, im Nangzang-Distrikt dieser Provinz, und war der dritte in einer Linie, die sich nach einer anderen Zählweise über Jahrhunderte zurückführt und indische Meister mit einschließt. Die vorhergehende Reinkarnation hatte nur wenige Monate gelebt. Der Gründer der Linie war Zongtrul Tenpa Choephel (1836-1899), der aus der gleichen Familie wie Zong Rinpoche stammte. Er war ein berühmter Tantriker, der, so wird heute erzählt, auch fliegen konnte wie ein Vogel und dabei gelegentlich seine Schuhe verlor. Schon als kleines Kind hatte dieser Lama eine besondere Verbindung zu den Wassergeistern, den Nagas, die aus dem Wasser herauskamen, um ihm ihren Respekt zu erweisen. Es soll darüber noch schriftliche Aufzeichnungen geben. Nach der Verbrennung seines Leichnams war auf einem unverbrannten Stirnknochen deutlich der tibetische Buchstabe A zu sehen.

Die Linie gehört der Gelug-Tradition an. Sie steht in der Nachfolge der alten Kadam-Schule, die dreihundert Jahre nach der Gründung durch Atisha (982-1054) in einem maroden Zustand war. Die Erneuerung kam durch Tsongkhapa Losang Dragpa (1357-1419), der in Amdo in Osttibet geboren worden war. Die Gelug-Tradition stellt ein geschlossenes System einer Meditations- und Lebenspraxis dar, das auf intellektuellem Verständnis beruht. Sie legt auf das Studium der Schriften besonderes Gewicht und erst in zweiter Linie auf kontemplatives Nachdenken oder direkte meditative Erfahrung – ähnlich wie die Sakya-Schule –, während

Dudjom Rinpoche

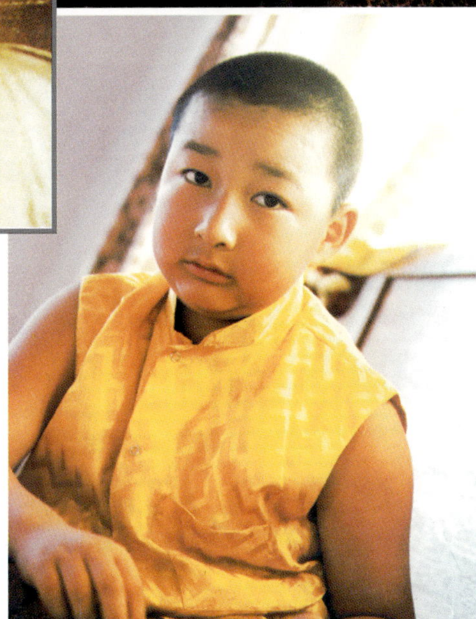

links:
Kyabje Dudjom Rinpoche
in jüngeren Jahren (1)

oben rechts und unten rechts:
Die Reinkarnation von
Dudjom Rinpoche (2, 3)

Kyabje Dudjom Rinpoche (4)

Dilgo Khyentse

Dilgo Khyentse (5)

oben:
Kyabje Dilgo Khyentse Rinpoche (6)

unten:
Die Reinkarnation von
Dilgo Khyentse Rinpoche (7)

Kalu Rinpoche

Oben links:
Kyabje Kalu Rinpoche (8)

oben rechts:
Kyabje Kalu Rinpoche, Totenmaske (Stupa im Kloster Sonada) (9)

unten links:
Die Reinkarnation von Kalu Rinpoche mit seinem Tutor Bokar Rinpoche (10)

unten rechts:
Die Reinkarnation von Kyabje Kalu Rinpoche (11)

Thugsey Rinpoche

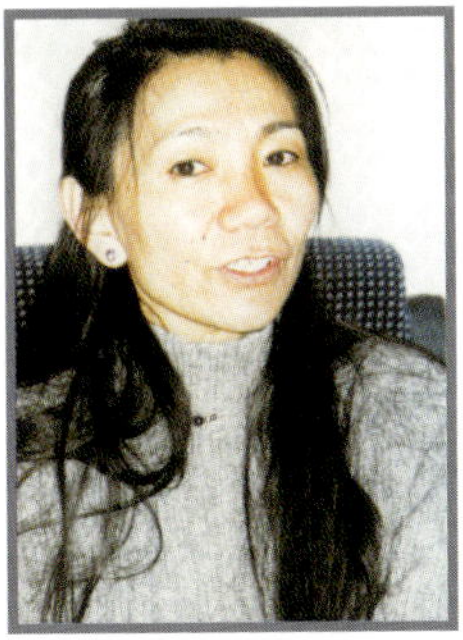

linke Seite
oben: Thugsey Rinpoche (12)

unten links:
Thugsey Rinpoche (13)

unten rechts:
Die Reinkarnation von
Thugsey Rinpoche (14)

rechte Seite
oben und unten links:
Die Reinkarnation
von Thugsey Rinpoche (15, 16)

unten rechts:
Mrs. Lhama Phenbo,
Klinik des Dali Gompa (17)

Zong Rinpoche

linke Seite:
Kyabje Zong Rinpoche (18)

rechte Seite:
Kyabje Zong Rinpoche (19)

unten links:
Ven. Lama Tenzing Wangchuk,
Verwalter des Zong Labrang (20)

unten rechts:
Geshe Ngawang Yeshi, Informant,
Kloster Ganden Shartse (21)

Die Reinkarnation von
Zong Rinpoche (22, 23, 24)

Tsenshap Serkong Rinpoche (25)

oben:
Kyabje Tsenshap Serkong Rinpoche (26)

rechts oben:
Serkong Dorjee Chang Tulku,
die Reinkarnation von Dorje Chang (27)

rechts unten:
Dorje Chang Rinpoche,
der Vater von Tsenshap Serkong Rinpoche (28)

oben links:
Tsenshap Serkong Rinpoche
und Serkong Dorjee Chang Tulku (29)

unten links:
Tenzin Ngawang, ehem. Sekretär von
Tsenshap Serkong Rinpoche (30)

unten:
Die Reinkarnation von Tsenshap Serkong
Rinpoche (31)

Trijang Rinpoche

oben links:
Kyabje Trijang Rinpoche (32)

unten links, oben rechts, rechts Mitte:
Die Reinkarnation von Trijang Rinpoche (33, 34, 35)

unten rechts:
S. H. d. Dalai Lama und
die Reinkarnation von Trijang Rinpoche (36)

Kyabje Ling Rinpoche

oben:
Kyabje Ling Rinpoche (37)

rechts oben:
Die Reinkarnation von Ling Rinpoche (38)

rechts Mitte:
Geshe Tsewang,
Studiendirektor des Norbulingka, Dharamsala (39)

rechts unten:
Jampa Rinpoche, Ritualmeister des Ling Labrang (40)

Chogay Trizin Rinpoche

großes Foto:
Chogay Trizin Rinpoche in jungen Jahren
(41)

kleine Fotos:
Chogay Trizin Rinpoche in späteren Jahren
(42, 43)

die meditative Praxis bei den anderen beiden Traditionen mehr im Vordergrund steht.

1916, kurz nach seiner Anerkennung als Tulku, wurde Zong Rinpoche in das Kloster Ganden Shartse in Zentraltibet gebracht, wo auch sein Vorgänger studiert hatte. Dort traf er erstmals Trijang Rinpoche, der nur wenige Jahre älter war und sein Mentor während des Philosophiestudiums wurde. Sie blieben ihr ganzes Leben in enger Freundschaft verbunden. Obgleich er ein Tulku war, hatte er keine besonderen Privilegien und wirkte eher wie einer der vielen ärmlich gekleideten Mönche aus den östlichen Provinzen Tibets, denen es gelungen war, einen Studienplatz an einer der großen Mönchsuniversitäten zu ergattern – oft unter großen Entbehrungen.

Geshe Rabten, der in Europa bekannte Dharma-Lehrer, hat etwa zur gleichen Zeit wie Zong Rinpoche im Kloster Sera studiert und das Leben eines armen Mönches in seiner Autobiographie sehr plastisch geschildert. Er bekam weder Geld von seiner Familie noch vom Kloster und besaß nur zerlumpte Roben. Meistens ging er barfuß und war oft so lange krank, dass er sich auf allen Vieren die Stufen hoch schleppen musste. Mangels Geld konnte er nur Kräutertee trinken, manchmal sogar nur schlechtes Wasser, und sich nur billiges Erbsen- statt Gerstenmehl leisten, um Tsampa zu bereiten. Aber er war nie niedergeschlagen. Sein glühender Wunsch, den Dharma zu studieren, war stärker als die widrigen Umstände seines Klosterlebens. Offensichtlich gab es in den Klöstern kein besonders ausgeprägtes soziales Verantwortungsgefühl gegenüber mittellosen Mönchen – wir kennen auch aus unseren Tagen dafür einige sehr irritierende Beispiele aus tibetischen Klöstern in Indien.

Der junge Zong Rinpoche war sehr scharfsinnig, von rascher Auffassungsgabe und wurde recht bald als ein exzellenter Debattierer bekannt. Die Studenten fangen schon mit etwa fünfzehn oder sechzehn Jahren an, das Gelernte zu debattieren. Die Debatte hat besonders bei den Gelugpas eine lange Tradition und findet zweimal täglich im Freien auf den großen Klösterhöfen unter heftigem Hin- und Herspringen und mit ziemlicher Lautstärke statt. Für die jungen Mönche, die keinen Sport treiben dürfen, die einzige Möglichkeit, Dampf abzulassen. Jedes Nicht-Wissen wird dabei erbarmungslos vorgeführt. Das motiviert nicht nur, besser zu lernen, sondern formt über viele Jahre hinweg den Charakter und verhindert das Aufkommen von Überheblichkeit und Stolz auf die eigene Leistung; denn irgendwann erwischt es jeden. Am Ende weiß der fertige Lama auf jede Frage eine Antwort und kann vor Hunderten von Menschen frei sprechen.

1929 machte Zong Rinpoche mit fünfundzwanzig Jahren sein Examen als Geshe Lharampa, die höchste von vier Stufen des Geshe-Titels, vergleichbar einem Doktor der Philosophie bei uns, und erreichte den zweiten Platz. Meist werden nur zwei oder drei Kandidaten im Jahr zu dieser Prüfung zugelassen. Geshe wird man nur bei den Gelugpas – bei den anderen Traditionen heißt der entsprechende Titel Khenpo oder Acharya – und nur etwa zehn Prozent aller Mönche machen eine entsprechende Prüfung, nicht alle mit Erfolg. Die Lebensgeschichten von Gelug-Lamas sind bis zum Abschluss ihres Studiums ziemlich gleichförmig und eintönig, schon weil das Studium an den drei großen Klosteruniversitäten Drepung, Sera und Ganden zentralisiert war. Ihre Autobiographien – mit Ausnahme der von Geshe Rabten – sind nicht lebendiger, denn die Lamas beschreiben zwar minutiös ihren Studienablauf, sagen aber nichts über ihr persönliches Leben im Kloster, als seien Glück und Leid, Erfolg und Frust absolut bedeutungslos. Und Zeitzeugen, Lebensgefährten aus jenen lange vergangenen Jahren, gibt es nicht mehr.

Nach seiner Geshe-Prüfung trat der Rinpoche in das tantrische Kloster Gyütö ein, das etwas außerhalb von Lhasa lag. Das Studium der Tantras ist für einen Geshe Lharampa obligatorisch. Auch dort fiel er schnell durch seinen scharfen Verstand und sein tiefes Verständnis des „Mittleren Weges“ der Madhyamika-Philosophie auf. Nach dem Abschluss seiner Studien wollte er den Rest seines Lebens der Praxis der tantrischen Meditation widmen und nach Kham zurückkehren. Aber der damalige Regent Reting Rinpoche persönlich bestimmte ihn 1937 zum Abt des Kloster Shartse. In seiner langen Amtszeit als Abt kümmerte er sich vor allem um die monastische Disziplin und um die tantrischen Rituale, beides hat ihm zeitlebens am Herzen gelegen. Er führte auch viele Reformen in der Verwaltung des Klosters ein, die auch das Los der ärmsten Mönche auf lange Sicht verbessern sollten – wir wissen nicht, was er für Hilfen geschaffen hat, aber sicher haben ihn seine eigenen Erfahrungen dazu angeregt. 1946 ließ er sich von seiner Aufgabe, die er sehr ernst genommen hatte, entbinden und verbrachte einige Jahre im Kloster Richung Poto in der Region von Pari in Südtibet, das dem Kloster Ganden Shartse gehörte.

Etwa ab 1950 machte Zong Rinpoche ausgedehnte Pilgerreisen zunächst durch Südtibet und anschließend auch durch seine Heimatprovinz Kham. Er hatte inzwischen einen Ruf als berühmter Tantriker und gab viele Belehrungen, Initiationen und Ermächtigungen, wohin immer man ihn einlud und wo er glaubte, dass sie den Menschen von Nutzen sein würden. Es wird erzählt, dass Zong Rinpoche in dieser Zeit Schwierigkeiten im Leben unzähliger Menschen mit seiner tantrischen Kraft beseitigte.

Als einmal in der Nähe von Ganden die Felder einer bestimmten Familie von Insekten befallen waren, die alles auffraßen, machte er eine Feuer-Puja für die Pretas – die hungrigen Geister – und fast augenblicklich war die Plage verschwunden. Einem sehr bekannten Geshe, der fast erblindet war, gab er sein Augenlicht so weit zurück, dass er wieder alleine gehen konnte. Er bezwang mächtige örtliche Geister und Dämonen, die Menschen und Vieh quälten, indem er viele verschiedenartige Feuer-Pujas in der Gegend machte, und band sie, wie es einst Padmasambhava getan hatte, durch heilige Eide, fortan den Lebewesen zu dienen. Er machte Regen, wenn es eine Dürre gab, und wohin er auch kam und Gebete über Felder und Obstgärten sprach, dort trugen sie reiche Ernte. Einige Dörfer hatten sehr unter immer wiederkehrenden Hagelstürmen zu leiden, und die Einwohner baten den Rinpoche dringend um seine Hilfe. Er hörte sich ihre Klagen an und modellierte schließlich aus Lehm viele kleine Frösche. Als ein Hagelsturm aufkam, sang er Mantras über die Lehmfrösche hin, und zum größten Erstaunen der Dörfler bewegten sie sich plötzlich, liefen in die Richtung des Hagels und trieben den Sturm zurück.

Zong Rinpoche hatte, wie der Liniengründer, eine enge Beziehung zu den Wassergeistern, und auch Frösche leben ja in einem feuchten Umfeld. Als er noch ein Kind war, ging er einmal an einen See und betete. Plötzlich erhob sich zur großen Verwunderung seiner Begleiter aus der Mitte des Sees eine weibliche Gestalt halb aus dem Wasser, sah eine Weile lang lächelnd das Kind am Ufer an und versank wieder im See. Es war die Naga-Göttin, die dort wohnte. Nagas leben in den Tiefen des Ozeans, wo sie Schätze aller Art – Edelsteine, aber auch heilige Schriften – bewachen, aber auch in Wäldern, Seen und selbst in kleinen Wassertümpeln. Wir gingen einmal mit einem sehr modernen jungen Geshe im Kloster Sera spazieren, als er plötzlich sagte: „Passt auf, tretet nicht in die Pfütze da – ihr könntet die Nagas erzürnen!“ Wir fanden das damals ziemlich schockierend und absolut abergläubisch.

1950 besuchte Zong Rinpoche den See Chamsing Lhatso auf dem Weg nach Tsari, einem Tal zwischen Assam und Tibet, das als Pilgerstätte berühmt ist. Der See ist dem Dharma-Beschützer Chamsing heilig. Als er dort am Ufer meditierte, hob sich plötzlich das Wasser in der Mitte des Sees zu einer einzigen haushohen Welle und brach sich am Ufer. Hunderte kleiner runder Kugeln ergossen sich in seinen Schoß – es waren gesegnete Pillen (Rilbu), wie sie auch von Lamas aus Kräutern und Reliquien gefertigt werden. Auf der Weiterreise kam er an einen anderen See, der dafür bekannt war, dass man dort gelegentlich ganz besondere rote Lehm-Kügelchen (Sindhura) finden konnte, und machte am Ufer eine Puja. Dann ging er ein paar Schritte in den See hinein und schöpfte daraus mit einer Kelle Wasser. Es waren viele große Stücke von etwas darin, das aussah wie blutiger Lehm. So etwas hatte niemand zuvor gesehen, denn normalerweise konnte man nur winzige Körnchen, so groß wie Sesamsamen, aus dem See fischen. Man findet Sindhura in Quellen in ganz Tibet, auch in Indien, die Körner sind gewöhnlich rot oder gelb und werden in tantrischen Ritualen verwendet.

Lama Tenzing Wangchuk, der Chandsö (Verwalter) des Zong Labrang, des Haushaltes der Zong Rinpoches im Kloster Ganden Shartse, gab uns dazu folgende Erklärung. Was Zong Rinpoche damals aus dem See gefischt hatte, symbolisiere das Menstruationsblut einer tantrischen Gottheit, der Vajra-Yogini, der Gefährtin von Heruka. Es sei aber nicht wirkliches Blut, sondern roter Lehm. Sindhura verbrennt schlechtes Karma, beseitigt negative Einflüsse und ist ein Segen für den ganzen Körper. Man kann auch Krankheiten damit heilen und speziell Geburtswehen damit beeinflussen. Wenn man einer Gebärenden, die sehr starke Schmerzen hat, etwas davon in Wasser aufgelöst zu trinken gibt, wird das Kind sofort geboren. Es hat dann einen roten Klecks auf dem Scheitel.

In der gleichen Gegend betete der Rinpoche einmal vor einer dieser mit Silber beschlagenen Schädelschalen, die als Ritual-Objekte verwendet werden. Sie füllte sich plötzlich mit wohlduftendem und köstlich schmeckendem Nektar (Amrita), den er seinen Begleitern zu kosten gab. Als er nach Kongpo kam, einer Provinz östlich von Tsari, gab es ein Erdbeben, und das ganze Haus, in dem der Rinpoche wohnte, stürzte ein – nur die Wand, an der er saß, blieb stehen. In Chateng (Chatring), im Distrikt Lithang in Kham, gab der Rinpoche nicht lange danach auf Wunsch seines Lehrers Trijang Rinpoche, dem dort ein Kloster gehörte, viele Belehrungen und Initiationen. Kurz zuvor waren die chinesischen Truppen in Kham einmarschiert. Zong Rinpoche machte spezielle Rituale und brachte dem Schutzgeist Shugden Opfergaben dar, um sie zu vertreiben. Und wirklich schoss plötzlich mitten im Lager der Chinesen eine Flamme hoch und führte zu einer momentanen Verwirrung der Soldaten. Die Tibeter nutzten sie, um das Lager zu stürmen und die Chinesen in die Flucht zu schlagen. Eines Tages schickte er eine Botschaft an die Mönche des Klosters Chateng, sie sollten in der Nacht das Kloster verlassen. Am nächsten Morgen wurde es von chinesischen Flugzeugen bombardiert, und es entstand großer Schaden; aber kein einziger Mönch wurde verletzt.

Wir fragten die Reinkarnation von Zong Rinpoche, ob solche Wunder denn wirklich wichtig seien? „Ja", meinte er, „wenn die Leute so etwas sehen und hören, dann stärkt das ihren Glauben ganz ungemein. Es sind einfach Beispiele, die zeigen, wie mächtig der geschulte Geist ist." Ob er denn auch einmal solche Kräfte haben werde, fragten wir weiter: „Ich glaube schon, wenn ich später einmal Tantra praktizieren werde. Jeder Tantriker kann das lernen, aber ich glaube, ich werde es einmal leichter haben, solche Kräfte zu entwickeln, als andere Mönche, die das in ihrem Vorleben nie praktizieren konnten."

1959 flüchtete Zong Rinpoche aus Tibet und lebte bis 1965 in dem Lager Buxa Duar in Bengalen, im Nordosten Indiens. Das Lager war im II. Weltkrieg ein Internierungslager der Briten gewesen und liegt in einem sehr heißen Tal mit einem ungesunden Klima. Zwischen 1959 und 1969 lebten etwa eintausendfünfhundert Mönche und Lamas aller Traditionen unter unvorstellbar schlechten hygienischen Verhältnissen in Buxa und studierten den Dharma ungeachtet der vielen Probleme. Erst von 1969 an konnten die Tibeter ihre Klöster allmählich wieder aufbauen, nachdem die indische Regierung ihnen Land zugewiesen hatte, sodass die Mönche in jener Zeit keine Alternative hatten – wenn sie denn nicht die Robe ausziehen oder im Straßenbau arbeiten wollten. Im Lager grassierte besonders die Tuberkulose, aber auch viele andere Krankheiten, und etwa dreihundert Mönche verstarben im Laufe der Jahre.

Geshe Nawang Yeshi, der heute 81 Jahre alt ist und im Kloster Ganden seinen Lebensabend verbringt, war sechs Jahre in Buxa mit Zong Rinpoche zusammen und erzählte uns aus dieser Zeit. In dem Lager waren alte und junge Mönche bunt gemischt. Sie lebten in Hütten, die nicht dorfartig gebaut waren, sondern in unendlich langen Reihen, geordnet nach Klosterabteilungen. Die Mönche aus dem Kloster Shartse waren in etwa zwölf Hütten untergebracht. Zong Rinpoche organisierte bald nach seiner Ankunft im Lager Klassen, die oft von jungen Mönchen geleitet wurden, die in ihrem Studium schon weiter fortgeschritten waren. Er gab natürlich auch selbst Belehrungen für die Mönche, machte Initiationen, organisierte Klausuren und richtete auch eine Art Schule für Mönche ein, die ihr Studium abgeschlossen hatten, an der Geshes und Exäbte Unterricht gaben. Es wurde dort auch Englisch gelehrt. Die meisten Mönche blieben aus freien Stücken trotz der miserablen Lebensbedingungen bis zu zehn Jahren in Buxa – wohin hätten sie auch gehen sollen, wenn sie Mönche bleiben wollten? Vor allem den älteren Mönchen waren die unhygienischen Verhältnisse ziemlich gleichgültig, denn in ihren Klöstern in Tibet waren sie oft nicht sehr viel besser gewesen.

Jampa Rinpoche, der jetzige Ritualmeister im Ling Labrang, traf Zong Rinpoche zum ersten Mal in Kloster Tawang, an der indisch-tibetischen Grenze in Aruchanal Pradesh gelegen, einer Art Sammelstation für tibetische Flüchtlinge. Er blieb dort zwei Monate und machte auf Bitten des Abtes und der lokalen Bevölkerung eine spezielle Puja zur Segnung des Wassers, das sehr ungesund war. Eines Tages hieß es, dass ein sehr heiliger Lama aus Tibet angekommen sei. Es war ein Mann mit einem langen Bart, der ihm vom Kinn herunterhing und der sehr auffallend gekleidet war, denn er trug keine Mönchsroben, sondern eine Chuba, die Festtagskleidung tibetischer Laien. „Was für ein seltsamer Typ", dachte Jampa Rinpoche, „überhaupt nicht demütig und bescheiden, wie es sonst die Lamas sind", und sagte sich, er wolle mit diesem Mann nichts weiter zu tun haben. Jampa Rinpoche kam dann in das Lager Buxa und traf dort einen sehr gelehrten vormaligen Abt eines der tantrischen Klöster, Tara Rinpoche, dem er von dem merkwürdigen Lama erzählte, der sich Zong Rinpoche nannte und angeblich ein Exabt von Shartse war. „Oh", rief Tara Rinpoche aus, „sprich nicht schlecht von ihm, er ist wirklich ein heiliger Mann und weiß einfach alles über Sutra und Tantra." Wenig später saß Jampa Rinpoche bei einer Veranstaltung hinter eben diesem Lama. Der drehte sich plötzlich um und sagte zu ihm: „Oh, du bist auch hierher gekommen, wie gut." Er hatte ihn sofort wiedererkannt.

Von da an ging Jampa Rinpoche jeden Abend zu Zong Rinpoche, der den Mönchen Geschichten erzählte, die zugleich immer eine Belehrung waren. Beispielhafte Lebensgeschichten von Meistern wie Atisha und seinen Schülern, die vor vielen Jahrhunderten gelebt hatten. Er war, wie viele Orientalen, ein ausgezeichneter Erzähler, der seine Geschichten so klar und mit so vielen Einzelheiten erzählte, dass seine faszinierten Zuhörer den Eindruck hatten, die Reinkarnation von Atisha selbst sitze vor ihnen. Jeden Abend wieder fühlten sie dasselbe, ob er nun von Marpa und Milarepa oder von Tsongkhapa und Khedrub Jhe, dessen Lieblingsschüler, erzählte. Hier schilderte jemand ungemein überzeugend sein eigenes Leben.

In diesen Monaten wurde eine feste Lehrer-Schüler-Beziehung zwischen den beiden Rinpoches begründet, und Zong Rinpoche wurde der tantrische Guru des jungen Tulkus. Sechs Jahre lang, von 1959 bis 1965, bis sein Lehrer das Lager verließ, bekam Jampa Rinpoche mit einigen anderen Schülern Belehrungen über die gesamte tantrische Praxis, ihre Techniken und Rituale mit allen dazu gehörenden Übertragungen, Initiationen, Ermächtigungen und auch Klausuren. Er besuchte seinen Lehrer fast jeden Tag dreimal, und ihre Beziehung wurde sehr eng. So etwa nach drei Monaten sprach plötzlich Zong Rinpoche kaum noch mit seinem Schüler, irgendetwas hatte sich verändert. Jampa Rinpoche war ganz verwirrt und wusste überhaupt nicht, was er davon halten, wie er sich benehmen sollte. Aber es hatte nichts zu bedeuten. Jampa Rinpoche wurde krank, und sein Lehrer kümmerte sich ganz rührend um den Kranken, holte einen Arzt und machte mit sechzig Mönchen eine segensreiche Puja. Er war sehr besorgt um seinen Schüler.

Zong Rinpoche benahm sich nicht wie ein großer Lama, sondern wie ein Mönch unter seinesgleichen. Er verlangte von den Mönchen, Gemeinschaftssinn zu entwickeln, alle sollten füreinander da sein und sich gegenseitig helfen. Das hatte es in den Klöstern bisher nicht gegeben. Er brachte ihnen auch praktische Dinge bei, wie man beispielsweise Tormas macht, kleine Statuen aus Lehm oder Teig, und schalt sie, wenn sie es nach zwei, drei Malen immer noch nicht richtig konnten. Er gab ihnen dann ohne Umstände auch einmal eine Backpfeife. Viele Lamas, die damals seine Schüler waren, erinnern sich heute noch mit großer Verehrung an jene Jahre, in denen er nicht nur den Dharma aufrecht erhielt, sondern vor allem den jungen Mönchen Mut und Vertrauen in eine bessere Zukunft gab. Sie verinnerlichten, was er ihnen immer wieder sagte: „Ich bin nicht so geboren worden, mit der Hilfe meiner Lehrer bin ich geworden, was ich heute bin. Erst kommt ein gesunder Körper, dann die Erziehung. Das genügt, um den Geist zu schulen. Aus Tibet haben wir nur den Körper und den Geist mitgebracht. Von da aus müssen wir nun alles neu aufbauen."

Zong Rinpoche verhielt sich eigentlich wie ein Sozialarbeiter von heute. Er machte Krankenbesuche und sorgte dafür, dass ein indischer Arzt geholt wurde oder Kranke in ein Hospital kamen, wenn es nötig schien. Dann führte er Pujas für sie ein. Geshe Nawang Yeshi war selbst einmal sehr krank und starb fast, weil er sich vor Spritzen unglaublich fürchtete und sich keine Injektionen geben lassen wollte. Aber der Rinpoche beruhigte ihn, redete ihm gut zu und blieb bei ihm, bis das Ganze vorüber war. Alle hatten großes Vertrauen in den Lama und machten, was er ihnen sagte. Er teilte sogar oft sein Essen mit Mönchen, die weniger hatten als er.

Auch Zong Rinpoche wurde in Buxa sehr krank und glaubte, er müsse nun sterben. Aber der Dalai Lama schrieb ihm und redete ihm gut zu, dass er weiterleben müsse, er brauche ihn noch, denn er sollte als Leiter eines neuen Programms zur Ausbildung tibetischer Lehrer für die Schulen im Exil nach Mussourie, nördlich von Delhi, gehen. Doch der Rinpoche erwiderte bescheiden: „Eure Heiligkeit, ich bin alt, ich habe kein Wissen." „Dann werde eben jünger", soll der Dalai Lama geantwortet haben. Und er wurde wieder gesund und verjüngte sich tatsächlich zusehends. Für die Aufgaben, die vor ihm lagen, war er nicht nur wegen seines Wissens und seiner organisatorischen Fähigkeiten geeignet, sondern auch, weil er ein Feind jeglicher Intrigen war. Gerangel um Posten und Status kannte er nicht, auch Politik im religiösen Bereich, die bei den Tibetern immer eine große Rolle gespielt hat, war ihm ein Gräuel.

1965 übernahm er sein neues Amt und organisierte die Schule ähnlich der, die er im Lager Buxa gegründet hatte, mit hochkarätigen Geshes aus allen vier Traditionen als Lehrern. Daneben fand er auch noch Zeit, Belehrungen in Dharamsala und in den Flüchtlingssiedlungen entlang des Himalaya bis hin nach Kalimpong zu geben. 1969 wurde er zum ersten Leiter des neuen Zentralinstitutes für Höhere Buddhistische Studien in Sarnath (Varanasi) berufen, dessen Prinzipal er bis 1975 blieb. Eine gewaltige administrative Aufgabe lag vor ihm, mit geringen finanziellen Mitteln eine Studienanstalt völlig neuen Stils zu organisieren, die Studenten aus allen tibetischen Traditionen offen stehen sollte. Etwa siebzig Studenten und Lehrer kamen am Anfang zusammen. Das Studium musste völlig anders gestaltet werden, als es an den Klosteruniversitäten Tibets mit ihren unterschiedlichen Lehrplänen und Studienzeiten bisher üblich gewesen war. Seine Basis konnten nun nicht mehr die Klostertexte sein, die spezifisch für jedes einzelne Kloster waren und eine Auswahl der klassischen Texte wiedergaben, beschränkt auf die jeweilige Tradition. In Sarnath ist das Studium der Philosophie der indischen Meister vorrangig, auf einer höheren Ebene als an den Klosteruniversitäten, vertieft und mit einer breiteren Basis. Es wird aber auch Sanskrit, Hindi und Englisch gelehrt. Das komplette Studium dauert neun Jahre, danach bekommen die Absolventen den Titel „Acharya".

1975 zog Zong Rinpoche sich in seinen damals sehr kleinen Labrang – hochrangige Lamas leben zusammen mit dienenden Mönchen und Schülern in einem eigenen Haus – im Kloster Ganden zurück, das seit 1969 in Mundgod in Karnataka/Südindien zusammen mit Drepung in bescheidenem Rahmen wiedererstanden war. Die indische Regierung hatte den Tibetern ein von Malaria verseuchtes Dschungelgebiet überlassen. Vierhundertzwanzig Mönche waren es anfangs in Ganden – heute leben in Ganden und Drepung zusammen etwa siebentausend Mönche. Sie rodeten den Wald und bauten Hütten, in denen das mönchische Leben nach und nach wieder erblühte. Der Rinpoche kümmerte sich auch hier wieder um ganz praktische Belange. So setzte er sich mit drei Mönchen zusammen und brachte ihnen bei, wie man Roben zuschneidet, indem er für jeden eine Robe machte und lehrte sie dabei die sehr komplizierte symbolische Bedeutung der Farben und des Faltenwurfes. Wer traut schon einem so gelehrten Lama zu, dass er schneidern kann? Später hatten sie dann richtige Mönchs-Schneider, aber am Anfang wusste nur er Bescheid, erzählt Geshe Nawang Yeshi. Er brachte seinen Mönchen auch die Thangka-Malerei bei, konnte elektrische Leitungen und selbst Uhren reparieren, schmieden, holzschnitzen und Statuen anfertigen. Dazu reparierte er die Maske des Orakels von Shugden, des Schutzgeistes von Shartse. Er konnte ebenso zeichnen und malen wie Horoskope erstellen. Er konnte einfach alles. In diesen Jahren des Aufbaus lebte Zong Rinpoche mit seinen Mönchen eher wie ein „Primus inter pares“ zusammen, wenn denn so etwas bei tibetischen Mönchen überhaupt möglich war. Er war allen ein Vater, und seine Mönche liebten ihn sehr. Aber sie hatten auch großen Respekt vor ihm, weil er so viel wusste, so belesen war und fürchteten ihn nicht selten, weil er heftig schimpfen konnte, wenn irgendetwas schiefging.

Der Rinpoche war inzwischen recht berühmt geworden, und die meisten der damaligen Äbte, Geshes und Lamas, vor allem aus der Gelug-Tradition, waren in Tibet, in Buxa, in Mussourie oder in Sarnath seine Schüler gewesen und besuchten ihn in Ganden. Aber auch Nyingma- und Sakya-Lamas, wie Chogay Trizin Rinpoche, kamen zu ihm. „Es gibt heute im Rahmen des Shugden-Problems so viele Gerüchte“, sagt Tenzing Wangchuk, „aber diese hohen Lamas hatten eigentlich überhaupt kein Problem miteinander. Wenn unserem Rinpoche etwas nicht passte an anderen Leuten, dann sagte er das ohne Hemmungen, ob sie nun zu seiner eigenen Tradition gehörten oder zu einer anderen. Daraus eine Feindseligkeit, zum Beispiel gegenüber den Nyingmapas, zu konstruieren oder zu sagen, dass er sie immer niedergemacht habe, ist einfach lächerlich“, erboste er sich. „Seine Lehre war, dass Buddhismus bedeute, in Harmonie miteinander zu leben. Nicht immer „ich, ich, ich“ solle man sagen, sondern „wir, wir, wir“ – und zusammenkommen. Diese großen Meister haben in allen Religionen die gleichen Qualitäten, sie waren alle einfach und demütig und machten nicht viele Worte. Sie muss man heute herausstellen als Vorbilder, wenn man von Religion spricht, auch die christlichen Heiligen, die großen Sufi-Meister. Sie sind alle Buddhas“, sagte der Chandsö. Er war schon in Sarnath ein Schüler von Zong Rinpoche und lebte seit 1976 mit ihm zusammen in seinem Labrang.

Er erzählt, dass es 1977 eine besonders verheerende große Trockenheit in Indien gab, weil der Monsun ausgeblieben war. Der Rinpoche hatte schon in Tibet einen großen Ruf als Regenmacher gehabt, und so baten ihn viele der tibetischen Siedlungen, ihnen zu helfen. Er besuchte sie alle, obwohl das damals unglaublich strapaziöse Reisen waren, und ließ es wieder regnen. Aber ob es Regen gibt oder nicht, hängt nicht nur von der tantrischen Kraft des Regenmachers ab, sondern auch von den Leuten, die dort wohnen. Leben sie in Streit miteinander, herrschen Ichsucht, Unmoral und Eigennutz, dann nützen alle Pujas nichts, erklärte uns Jampa Rinpoche, der selbst ein bekannter Regenmacher ist.

Wenn Zong Rinpoche in Dürrezeiten irgendwo hingerufen wurde, hatte er stets einen Regenschirm bei sich, das gab den Leuten schon einmal großes Vertrauen. Dann machte er sehr differenzierte und komplizierte Rituale an Wasserläufen oder in den Wäldern und vertrieb als erstes die starken Winde, die es gewöhnlich gab. Plötzlich kamen schwarze Wolken, es fing an zu donnern, der Rinpoche spannte seinen Regenschirm auf und schon kam der ersehnte Regen – und die Leute waren glücklich. Regen steht mit den Wassergeistern in Verbindung, zu denen die Linie des Lamas ja eine besondere Beziehung hatte. Es gibt viele verschiedene Arten von Nagas und dementsprechend auch verschiedene Pujas. „Viele Nagas sind in Wäldern zu Hause", sagte Tenzing Wangchuk, der den Rinpoche meist begleitet hatte, „denn es gibt keinen Wald, wo nicht auch Wasser ist. Wo Nagas leben, da gibt es Bäume, Blumen, Wasser, hübsche Sachen, die ihnen Freude machen. Sie lieben eine schöne Umgebung. Wenn man Bäume fällt, einen Wald zerstört, dann zerstört man auch ihre Wohnungen." Einmal reiste Zong Rinpoche nach Orissa, an die Ostküste Indiens, einem dschungelreichen Gebiet. Dort gab es ein Armeelager, in dem nur noch Probleme und Krankheiten vorherrschten. Auch der Leiter des Camps war von dem Unheil betroffen, seitdem seine Soldaten viele Bäume im Wald gefällt hatten, um ihm ein neues Haus zu bauen. Der Mann wurde krank und konnte sich nicht mehr erholen. Sein Tod wäre eine Katastrophe für seine Familie mit vielen Kindern gewesen. Der Rinpoche sah und hörte sich alles an, betrat aber das Haus nicht. „Der Mann hat ein Naga-Problem", sagte er nur, „die Nagas sind im Haus." So blieb er mit seinen Mönchen außerhalb des Hauses und machte in der Nacht unter einem großen Baum fünf verschiedene Pujas, um die Nagas zu versöhnen, und bot ihnen kleine Statuen aus Tsampa als Opfergabe an. Der indische Offizier träumte in jener Nacht, dass er im Wald einen sehr alten Mann mit einem Bart getroffen habe. Der Alte sagte ihm, nun, da er sein Eigentum wiederbekommen habe, werde alles wieder gut – und der Offizier wurde wieder gesund. Noch heute spricht man davon in Orissa.

Ende 1977 reiste Zong Rinpoche nach Darjeeling, Kalimpong und Sri Lanka, um dort Belehrungen zu geben, aber auch um böse Geister zu vertreiben, denn das war eine weitere Spezialität von ihm. Mit exorzistischen Riten konnte er Dämonen und Geister aus Individuen, wie auch aus ganzen Regionen austreiben. Er konnte aufgrund seiner Weisheit erkennen, sagt Tenzing Wangchuk, wer oder was besessen war. Man merkte das aber auch schon an dem seltsamen Verhalten der Leute, die irgendwie verrückt wirkten, oder am Auftreten unerklärlicher Krankheiten und Todesfälle an einem bestimmten Ort. Außerdem machte der Rinpoche Mo mit Würfeln oder mit der Mala, wenn er sich nicht ganz sicher war, ob böse Geister eine Rolle spielten. In den Mo-Büchern stand dann auch, um welche Geister es sich handelte und welche Rituale man machen und welche Tormas man anfertigen musste. Aber der Rinpoche wusste das meist alles auch auswendig.

Zong Rinpoche besuchte oft die Regionen an der Grenze zu Tibet. Andere Lamas gingen nicht so gern dorthin, weil die Straßen so schlecht waren. Er wurde dort selbst in indische Armeelager eingeladen. Es gab viele Buddhisten unter den Soldaten, die den Bergstämmen im Himalaya angehörten; aber auch die Hindus glaubten an ihn. Der Rinpoche predigte gewöhnlich in Zelten und machte Pujas, um sie zu beschützen, oft auch Divinationen (Mo). Diese beschwerlichen Reisen lagen ihm sehr am Herzen, seit er zum ersten Male 1962, während des Grenzkonfliktes zwischen Indien und China, auch die Armeelager besucht hatte.

Im Laufe der Jahre kamen dann auch Einladungen aus dem Westen, besonders von Lama Yeshe und Lama Zopa, die dort viele Dharma-Zentren gegründet hatten. Aber der Rinpoche wollte absolut nicht in den Westen reisen. Er sei schon alt, meinte er, und habe keine Zeit, weil er oft den Dalai Lama besuchen müsse. „Kommt er nun oder kommt er nicht?", fragten die beiden Lamas mehrmals bei Tenzing Wangchuk an. Der dachte, eine solche Reise werde wohl für den Westen von großem Nutzen sein, und der Rinpoche könne auch Ärzte im Westen konsultieren, wie das schon seine beiden Freunde Trijang Rinpoche und Ling Rinpoche gemacht hatten. Aber Zong Rinpoche wehrte sich: „Ich kann kein Englisch, was hat das dann für einen Sinn, in den Westen zu gehen?" Er hatte schon immer Sorge gehabt, dass man ihm westliche Schüler schicken würde. Davon war er überhaupt nicht begeistert, denn er meinte, sie würden nur immer alle möglichen Fragen über Leerheit, Tantra und so weiter stellen, ohne dass sie eine Ahnung vom Dharma hätten. Irgendwie mochte er das gar nicht. „Sie brauchen Initiationen", sagte er, „aber es stiehlt uns nur die Zeit, es macht keinen Sinn." Er wolle lieber in die Grenzregionen im Norden gehen, dort werde er wirklich gebraucht. Aber die Straßen dahin waren schlecht, es gab keine ärztliche Hilfe, wenn es einen Unfall gab – womit man in Indien immer rechnen musste. Sein Chandsö war von der Idee nicht begeistert und wollte die Verantwortung nicht auf sich nehmen. Schließlich gab der Rinpoche aber nach und gab grünes Licht für die Reise in den Westen.

Zong Rinpoche reiste dreimal und besuchte ausschließlich Zentren von Lama Yeshe und Lama Zopa. 1978 zunächst in den USA und in Kanada, dann in England, Spanien, Italien und Frankreich. 1983 blieb er ein ganzes Jahr in Kanada, 1984 führte ihn die letzte Reise nach Los Angeles, in das Zentrum Thubten Dhargye Ling, das Geshe Tsulten Gyaltsab 1968 gegründet hatte.

Die Rinpoches waren immer – und sind es heute im Exil vielleicht noch mehr – wichtig für ihre Klöster gewesen. Je berühmter ein Tulku war, desto reichlicher flossen die Spenden. So gab es denn oft nach dem Tode eines Tulkus ein ziemliches Gerangel um seine Reinkarnation: Blieb sie aus, verarmte das Kloster, und die Mönche litten Not. So war es auch mit Zong Rinpoche – solange er lebte, kamen die Leute von weither, trotz der abgelegenen Lage seines Kloster im Norden von Karnataka. Die Reisen der Rinpoches damals und heute in den Westen bringen reichlich Spenden ein, welche die Lamas dann wieder ihren Klöstern zukommen lassen. Davon werden Tempel und Versammlungshallen gebaut, Unterkünfte für die Mönche, von denen immer mehr als Flüchtlinge aus Tibet kommen. Das Essen der Mönche muss bezahlt werden, und auch Ärzte und Medikamente kosten viel Geld. Schulen für die Novizen müssen gebaut und ihre Lehrer bezahlt werden und vieles andere. Zong Rinpoche hat grundsätzlich alle Spenden, die ihm aufgrund seiner Berühmtheit reichlich zuflossen, an sein Kloster weitergegeben – nicht alle Rinpoches machen das genauso. Tenzing Wangchuk meinte sehr ernsthaft: „Heute bauen die Lamas Schwimmbäder, trinken Wein und schon ist das Geld weg."

Die Menschen im Westen wurden von der Wärme und Weisheit des Rinpoches inspiriert. Er lehrte den Dharma in seiner ganzen Vielfalt und Breite, aber die praktischen Aspekte jeder religiösen Aktivität, besonders der tantrischen Meditation, lagen ihm immer besonders am Herzen. Seine Belehrungen waren kein Buchwissen, sondern er schöpfte aus dem reichen Quell seiner langen persönlichen Erfahrung. Seine Schüler spürten das, und für viele von ihnen bedeutete das einen Wechsel in ihrem Leben, es verwandelte sie. Er konfrontierte sie, wie einer seiner Schüler es ausdrückte, mit den tiefsten Aspekten des Tibetischen Buddhismus. Er tat dies, wie bisher keiner zuvor, und zwar in einer Weise, die an das Aufnahmevermögen und Temperament der modernen jungen Menschen angepasst war. Das war eine seltene Gabe bei einem traditionellen Lehrer. Außerdem besaß er eine bezwingende Erzählkraft, die sehr direkt und anschaulich war. Keiner, der ihn je gehört hat, hat diesen Lehrer, der so kraftvoll, energisch und spirituell so weit entwickelt war, je vergessen können. „Der Rinpoche", sagte einer seiner westlichen Schüler, „war einer der mächtigsten Männer, denen ich je begegnet bin." Ähnliches haben wir auch von den Schülern anderer Meister gehört, und es ist schon bemerkenswert, wie geradezu blitzartig bei ihnen der Eindruck entstand: „Genau das ist er, das ist mein Meister." Das erinnert an das „Zeichen", das ein Tertön braucht, um sich momentan an bestimmte Lehren zu erinnern.

Zong Rinpoche konnte auch mit westlichen Schülern sehr streng sein und war wegen seiner Direktheit gefürchtet. Einmal war er in einem Zentrum in England. Da gab es einen westlichen Thangka-Maler, aber der Rinpoche war überhaupt nicht zufrieden mit ihm; „Ihr im Westen habt einfach keine Maße, ihr versteht nichts vom Thangka-Malen", regte er sich auf. Am nächsten Morgen kam der Maler zu dem Rinpoche, bot ihm Früchte dar und entschuldigte sich: „Ich habe einen großen Fehler gemacht. Lama Yeshe und Lama Zopa hatten mir immer gesagt, es sei alles in Ordnung. Ich habe es einfach nicht besser gewusst." Zong Rinpoche war besänftigt und erklärte ihm die Vorbereitungen, dass man in eine Klausur ging, bevor man mit dem Malen anfing, welche Qualifikationen und welche Initiationen man haben und welchen Stoff man nehmen musste und so fort.

Als der Rinpoche 1984 in Los Angeles war, kamen viele Anfragen von europäischen Dharma-Zentren, was sie denn falsch gemacht hätten, dass der Rinpoche sie nicht besuche. Er reiste dann auch tatsächlich in die Schweiz und nach England, aber schon kurz nach der Ankunft in Europa kamen Botschaften vom Kloster und dem Shugden-Orakel von Shartse, er möge doch bald zurückkommen. Zong Rinpoche hatte die Verantwortung, die Reinkarnation von Trijang Rinpoche zu suchen. Bevor er nach Indien zurückflog, kaufte er zwei Koffer voller Spielzeug. Späterhin hat seine Umgebung das als ein Zeichen gedeutet, dass er nach seinem Tod bald wieder zurückkehren werde – als kleines Kind.

Kurz nach seiner Heimkehr wurde er sehr krank. Als sich die Nachricht davon verbreitete, kamen die Tulkus und Äbte der großen Klosteruniversitäten in Ganden zusammen, um für sein langes Leben zu beten. Der Rinpoche erholte sich vollkommen und nahm seine tägliche Routine wieder auf. Auf Bitten des Klosters und seiner Schutzgottheit präsidierte er über eine wichtige Zeremonie, um „ohne Irrtum" die Inkarnation des drei Jahre zuvor verstorbenen Trijang Rinpoche zu bestimmen. Er hatte Trijang Rinpoche immer als seinen wichtigsten Lehrer angesehen, obgleich der nur wenige Jahre älter war als er selbst, und wurde nun der wichtigste Berater der Kommission, welche die Reinkarnation von Trijang Rinpoche suchen sollte. Er legte fest, wen man fragen musste, welche Hindernisse es gab oder welche Rituale zu machen waren.

Lange Zeit verbrachte er in tiefer Meditation über verschiedene Gottheiten, besonders über Heruka, der sein Yidam, seine Meditationsgottheit, war. Von Tag zu Tag wurde er in dieser Zeit sanfter. Er rief seine Studenten zu sich, sprach mit ihnen sehr ernsthaft und gab ihnen ganz persönliche Ratschläge. Das heiße Wetter bekam ihm schlecht, und er sagte: „Wenn es kühler wird, werde ich bleiben, sonst gehe ich vielleicht fort." Niemand dachte sich bei dieser Bemerkung etwas, niemand dachte an seinen Tod. Es war ganz ungewöhnlich, dass er seinen Schülern sagte: „Ihr seid so nett zu mir gewesen, ich danke euch allen für die Liebe, die ihr mir während meiner Krankheit gezeigt habt. Es ist so schön, in diesem Haus zu sein, und was könnte schöner sein, als von meinen Schülern umgeben zu sein."

Drei Wochen später beklagte er sich über Schmerzen in seiner rechten Brustseite, die jedoch am nächsten Morgen verschwunden waren. Nach einem herzhaften Frühstück bedankte er sich bei dem aufwartenden Mönch und sagte: „Das war ganz vorzüglich. Ich danke dir, du bist so nett zu mir gewesen." An dem Morgen kam mit der Post eine große Farbphotographie des Stupa, der für Trijang Rinpoche gebaut worden war, und Zong Rinpoche zeigte sie Tenzing Wangchuk und fragte ihn, ob er die Bedeutung dieses Geschenks verstehe. Als der mit einer Antwort zögerte, meinte der Rinpoche: „Es bedeutet, dass du einen solchen Stupa für mich bauen sollst. Kannst du so etwas? Wenn nicht, dann macht es auch nichts, aber dann solltest du die Konstruktion des „Himmlischen Hauses" für den Dharma-Beschützer Shugden vollenden, die ich begonnen habe."

„Zong Rinpoche wollte einen Tempel für Shugden bauen?", fragten wir Thamthog Tulku in Mailand. „Oh ja, das stimmt. Ich glaube aber, Zong Rinpoche war damals selbst schon erleuchtet. Er konnte alles tun, was er wollte, für ihn gab es keine Probleme mehr – er lebte in der höchsten Reinheit und Klarheit." Shugden war nicht der Yidam, sondern der Beschützer, die Schutzgottheit von Zong Rinpoche. Ein Beschützer kann göttlich und weniger göttlich sein, erleuchtet – dann ist es ein Dharma-Beschützer – oder nicht. Das zu erkennen, kann sehr schwierig sein. Das Problem wird in der Biographie von Trijang Rinpoche wieder auftauchen.

Nach dem Gespräch mit Tenzing Wangchuk ging der Rinpoche in seinen Wohnraum und setzte sich aufrecht hin. Seine Betreuer verließen ihn für wenige Minuten. Als sie zurückkamen, war er tot. Zu diesem Zeitpunkt spürten viele Bewohner von Mundgod ein Beben der Erde. Das Ereignis kam für alle völlig unerwartet und stürzte sie in tiefe Verzweiflung. Am dritten Tag nach seinem Tode wurde der Körper des Rinpoche unter feierlichen Zeremonien verbrannt, und es soll dabei viele ungewöhnliche Zeichen gegeben haben. Als später der Verbrennungsofen geöffnet wurde, fand man seinen Schädel unverbrannt inmitten der Asche – er wird heute im Stupa des Rinpoche aufbewahrt. Auf seiner Stirn war ganz klar der tibetische Buchstabe A zu sehen. Wenn man ihn aufschreibt, sieht man, dass seine Basis das Zeichen für „OM" ist. Die vielen Mantras, die mit „OM" beginnen, so heißt es, sind alle in diesem Buchstaben enthalten. Das soll völlig natürlich ausgesehen haben, nicht wie auf den Schädel geschrieben oder eingraviert. Man nimmt an, dass sich der Buchstabe im Laufe intensiver meditativer Praxis ausbildet, aber er ist natürlich zu Lebzeiten nicht sichtbar, weil er von der Haut bedeckt wird. In der Asche fanden sich auch viele Ringsel – die Tenzing Wangchuk uns gezeigt hat, ein Zeichen großen Vertrauens – und zwei daumengroße Fußabdrücke, komplett mit Zehen und Hacke. „Das war ein Zeichen, dass der Rinpoche bald wieder zurückkehren werde. Man muss Glauben haben und sich sein Leben lang um Bodhicitta bemühen. Dann können wir alle diese Kräfte erwerben, die nach dem Tod unseres Rinpoche offenbar wurden, sie kommen uns einfach zu", sagte der Lama.

Tenzing Wangchuk organisierte dann den Bau des mit vielen wertvollen Edelsteinen geschmückten Stupa, so wie es der Rinpoche gewünscht hatte – die Edelsteine kamen aus Jaipur in Rajasthan – und danach leitete er die Suche nach der Reinkarnation, denn das Orakel von Shartse hatte inzwischen verkündet, dass Zong Rinpoche bereits wiedergeboren sei. Die Reinkarnation wurde 1985 geboren, und Tenzing Wangchuk ist nun für seine Erziehung, für seine Gesundheit, für seine Finanzen, einfach für alles verantwortlich. „Wir sagen niemals schlimme Dinge zu ihm, nur die guten. Wir versuchen, ihn zu lehren, ein gutes menschliches Wesen zu sein." Tenzing Wangchuk hat sogar die Straße vor dem Labrang auf eigene Kosten ein Stück weit teeren lassen, damit sein Rinpoche nicht so viel Staub einatmen muss!

Und er fuhr fort: „Die Welt braucht Vorbilder. Wir brauchen eine Verbindung zu den Heiligen, sagt der Dalai Lama. Sie wissen alles, Gutes und Schlechtes. Wir müssen unsere großen Meister in der Erinnerung behalten, besonders die der letzten Generation. Manche haben vielleicht auch schlechte Dinge gemacht, aber was wir als Vorbild brauchen, das sind die guten Dinge. Man muss die Lehren eines verwirklichten Meisters in seinem eigenen Leben anwenden, Hilfe geben, bereit sein zu dienen, andere zu lieben, der Gemeinschaft, in der wir leben, zu helfen."

Bei den Gelugpas ist die Suche nach einer Reinkarnation sehr viel komplizierter als bei den anderen Traditionen, weil bei ihnen meist mehrere Kandidaten in Betracht gezogen werden, die von regelrechten Suchkommissionen geprüft werden. Die Anerkennung durch einen hohen Lama steht erst ganz am Schluss dieses oft langwierigen Prozesses. „Gab es besondere Hinweise von Ihrem Vorgänger, dass und wo er wiedergeboren werden würde?", fragten wir den jungen Zong Rinpoche. „Ja, schon", antwortete er, „er hatte in seinem Tagebuch angegeben, an welchem Tag er sterben werde und wann man ihn beerdigen solle. Er hatte auch gesagt, er werde an einem sehr kalten Ort in Indien wiedergeboren werden, nicht in Nepal, nicht in Sikkim oder Ladakh. Die Suchkommission kam völlig unangemeldet in unser Haus im Kulu-Tal, das liegt im Himalaya, aber ich konnte den Chandsö des Vorgängers und zwei ältere Mönche, die zu der Kommission gehörten, beim Namen nennen und gab ihnen meinen Segen. In diesem Leben hatte ich sie nie zuvor gesehen. Dann musste ich aus verschiedenen alten und neuen Gegenständen die Mala, die Glocke und den Vajra des Vorigen aussuchen – ich habe sie sofort erkannt, hat man mir erzählt. Damals war ich fünf Jahre alt und konnte mich noch an mein Vorleben und die Leute, die früher bei mir gewesen waren, erinnern – heute kann ich das nicht mehr. Der Dalai Lama hat mich dann bestätigt."

Quellennachweise:

Interviews mit Kyabje Zong Rinpoche im Kloster Ganden Shartse in Mundgod/Karnataka, am 31.1.1999, 16.2.2001 und 8.2.2002

Interviews mit Lama Tenzing Wangchuk im Kloster Ganden Shartse in Mundgod/Karnataka, am 16./17.2.2001 und 8.2.2002

Interview mit Jampa Rinpoche im Kloster Drepung Loseling in Mundgod/ Karnataka, am 9.2.2002

Interview mit Geshe Nawang Yeshi im Kloster Ganden Shartse in Mundgod/ Karnataka, am 9.2.2002

Geshe Rabten: Mönch aus Tibet. Autobiographie eines tibetischen Meditationsmeisters. Edition Rabten, Les Tassonneyres, Le Mont-Pelerin 2000

Kyabje Song Rinpoche. A Biography. Tharpa Choeling, Mont Pelerin/Schweiz 1981. (Übersetzung eines anonymen tibetischen Textes)

The Venerable Khyabje Zong Rinpoche (1904-1984). A Tribute to a Great Spiritual Master, compiled by Shartse College of Ganden (ohne Jahresangabe)

VI. Kyabje Serkong Rinpoche (1914-1983)

Wir haben bisher von Meistern gehört

- die in einer einfachen Tulku-Linie standen (Zong Rinpoche)
- als Tulkus zusammen mit anderen Inkarnationen aus der gleichen geistigen Quelle stammten (Tulpas) – (Dudjom Rinpoche, Dilgo Khyentse Rinpoche, Kalu Rinpoche)
- oder der Geist-Sohn (Thugse) ihres leiblichen Vaters (Thugsey Rinpoche) waren.

Bei Serkong Rinpoche finden wir in einer Person fast alle Möglichkeiten, die das tibetische Tulku-System so schwer durchschaubar machen:

- Er war der Geist-Sohn (Thugse) seines Vaters
- galt intern – ohne offizielle Anerkennung – als Reinkarnation seines früh verstorbenen ältesten Bruders und außerdem
- als Reinkarnation von Tharma Doday, dem Sohn von Marpa dem Übersetzer (1012-1097).
- Von ihm geht eine neue Tulku-Linie aus – „Tsenshap Serkong Tulku".

Der Vater von Serkong Rinpoche war Dorje Chang Rinpoche (1855-1919), der aus einer Adelsfamilie stammte.1918 erhielt er vom 13. Dalai Lama das Recht, den Liniennamen Serkong Dorje Chang zu führen.

- Seine Tulku-Linie wurde nach seinem Tod – parallel zur Linie, die von seinem Sohn ausgeht – in bisher zwei Reinkarnationen unter dem Namen „Dorje Chang Tulku" weitergeführt.
- Die beiden jetzigen Linienhalter sind beide auch als „Serkong Rinpoche" bekannt.

Die Linien der Serkong Rinpoches führen sich auf Marpa den Übersetzer (1012-1097) zurück. Dorje Chang, der Vater von Serkong Rinpoche, war die 25. Inkarnation in dieser langen Ahnenreihe und galt als Inkarnation von Marpa selbst. In einer tibetischen Biographie heißt es, dass Dorje Chang kurz nach seiner Geburt sehr krank wurde, und seine Eltern baten Ngawang Norbu, den damaligen 81. Ganden Tripa, den Thronhalter der Gelug-Tradition, um seinen Besuch. Als er das Haus erreichte, atmete das Kind nicht mehr. Der Lama machte einige Rituale – und Dorje Chang kehrte in das Leben zurück. Aber sein Biograph meint, nicht das ursprüngliche Bewusstseinskontinuum des Kindes sei wieder in den Leib eingetreten. Der Lama habe vielmehr seinen eigenen Weisheitsgeist auf das Kind übertragen, entsprechend der geheimen, nur mündlich übertragenen Lehre von der Bewusstseinsübertragung auf den Leichnam eines gerade Verstorbenen (Drongjuk). Marpa hatte sie von seinem Lehrer Naropa in Indien erhalten.

Dorje Chang war ein berühmter Tantriker und im Volk bekannt wegen der großen Macht, die er über Geister und Dämonen besaß. Es gab Menschen, die bezeugten, dass er fliegen konnte und dabei seine Schuhe verlor – wie der Vorgänger von Zong Rinpoche. Eines Tages war er in seiner tantrischen Praxis des Anuttara-Yoga so weit fortgeschritten, dass er eine Gefährtin brauchte, um weiterzukommen. Da er Mönch war, bat er den 13. Dalai Lama um die Erlaubnis, heiraten zu dürfen. Der bezweifelte, dass der Lama schon dieses Stadium in seiner Praxis erreicht hatte und forderte einen Beweis von ihm. Darauf drehte Dorje Chang, ohne viel zu sagen, einen Knoten in ein Yakhorn. Das genügte dem Dalai Lama – das Horn war noch viele Jahre später im Haus von Dorje Chang zu sehen. Dort bewahrte er auch Früchte auf, die er von einer Reise nach Shambhala mitgebracht hatte, jenem mythischen Land, das uns gewöhnlichen Sterblichen nicht erreichbar ist. Eine weitere Geschichte hat uns der jetzige Tsenshap Serkong Rinpoche vor Jahren erzählt. „Niemand glaube sie ihm wirklich“, meinte er dazu.

„Dorje Chang pilgerte einst durch das Land und ernährte sich von Almosen. Er kam an einem Haus vorbei, wo man gerade Brot buk, und der Rinpoche bat um ein Stück von dem frischen Brot. Doch das wurde ihm verweigert. Da ließ er urplötzlich zwei fertige Brote auf dem Backtisch miteinander tanzen und streiten – und die Leute gaben ihm, was immer er wollte."

Serkong Rinpoche wurde 1914 in Lhoka in Südtibet geboren und war der Geist-Sohn (Thugse) seines Vaters, von dem er schon als kleines Kind die Übertragungen und Initiationen aller seiner Linien erhielt, insbesondere des Kalachakra-Tantra. Dorje Chang starb, als sein Sohn erst fünf Jahre alt war, aber Serkong Rinpoche hat immer wieder beteuert, dass er sich exakt an diese Belehrungen erinnern könne, umso klarer, je älter er wurde. Als Thugse von Dorje Chang war er nicht nur der geistige Erbe seines Vaters, sondern hatte in einer nicht näher zu definierenden Weise auch Teil an dessen Bewusstseinsstrom. Eines von vielen Geheimnissen tibetischer religiöser Kultur. Er wurde Thugse Rinpoche genannt und als Reinkarnation von Tharma Doday, dem Sohn von Marpa, angesehen.

Tharma Doday fiel eines Tages, so geht die Legende, vom Pferd, blieb aber im Steigbügel mit einem Fuß hängen und wurde zu Tode geschleift. Der Unfall von Tharma Doday soll der Grund dafür sein, dass auch Serkong Rinpoche als seine Reinkarnation – auch wenn Jahrhunderte seither vergangen waren – ein Fußproblem hatte. Er wies einen deformierten Fuß und schwarze Streifen, wie Narben, über beiden Knien auf. Wie ein Tigerfell habe es ausgesehen, sagte der junge Serkong Rinpoche. Seine Reinkarnation würde vielleicht ein ähnliches Problem aufweisen, wenn nicht ein etwa fünfzehn Jahre alter Junge aus seinem Labrang das Leiden auf sich genommen hätte. Am Tage der Inthronisation des Tulkus fiel diesem Jungen ein Topf mit kochendem Teer auf den Fuß. Von den Verbrennungen, die er dabei erlitt, sind Narben zurückgeblieben, sehr ähnlich denen, die Serkong Rinpoche an den Knien hatte; aber es blieb keine Behinderung.

Serkong Rinpoche studierte im Kloster Ganden Jangtse und machte nach dreizehn Jahren seinen Abschluss als Geshe Lharampa, als er dreiundzwanzig Jahre alt war. Anschließend kam er in das tantrische Kloster Gyümed im Ramoshe Tempel in Lhasa. Dort blieb er neun Jahre und hatte zuletzt das Amt eines Disziplinars (Gekö) inne, dann kehrte er nach Ganden zurück. Zwei Jahre später, im Alter von vierunddreißig Jahren, wurde er zum Tsenshap des damals vierzehnjährigen Dalai Lama berufen und nannte sich seitdem Tsenshap Serkong Rinpoche – zum Unterschied von der Tulku-Linie, die von seinem Vater ausging. Die jeweiligen Reinkarnationen haben beide den Liniennamen Serkong Dorje Chang.

Damals gab es sieben „Tsenshaps", Debattenpartner des Dalai Lama und Assistenten der beiden Tutoren, die den Dalai Lama in der Philosophie unterrichteten und dafür verantwortlich waren, mit ihm sozusagen seine Hausaufgaben zu machen und das Gelernte mit ihm zu debattieren. Sie waren die jeweils besten Debattierer der damals sieben Klosterabteilungen der Mönchsuniversitäten von Ganden, Sera und Drepung, die jede nach eigenen, unterschiedlichen Klostertexten unterrichten! Ein Dalai Lama muss sie alle kennen!

Von den sieben gelang nur Serkong Rinpoche, der auch den Dalai Lama 1954 auf dessen langer Reise nach China begleitet hatte, die Flucht nach Indien. In den 60er Jahren war er unter anderem auch am Aufbau der „Abteilung für Religiöse und Kulturelle Angelegenheiten" beteiligt, in der damals auch Dudjom Rinpoche, Chogay Trizin Rinpoche und Ngari Rinpoche als Sekretäre mitarbeiteten. Als die drei Klosteruniversitäten der Gelugpas ab 1969 in Südindien wiedererstanden, war Serkong Rinpoche auch hierin eingebunden und gab die notwendigen Initiationen und Ermächtigungen, damit die traditionellen Rituale korrekt wieder aufgenommen werden konnten. Das Gleiche machte er für die Klöster der beiden Staatsorakel – das Gadong- und das

Nechung-Kloster, beide in Dharamsala. Man macht sich wahrscheinlich nicht ausreichend klar, dass es nicht genügt, wenn sich einige Mönche zusammentun, um ein Kloster zu gründen. Um in der lebendigen Tradition zu bleiben, müssen vor allem auch die oft sehr komplizierten Rituale von Lamas übertragen und überwacht werden, die das nötige Wissen und die Ermächtigungen dazu haben.

Eigentlich brauchte der Dalai Lama nach seiner Geshe-Prüfung (1959) keinen Debattenpartner mehr. Da er aber bis heute von Lamas aller Traditionen Ermächtigungen und Initiationen vor allem seltener Linien erhielt und erhält, war Serkong Rinpoche bei solchen Gelegenheiten stets an seiner Seite. So sollte es nach dem Wunsch des Dalai Lama wenigstens einen anderen Lama geben, der die ganze Fülle seines Wissens teilte – ohne dadurch zu einer Kopie des Dalai Lama zu werden – und mit dem er neue Belehrungen auch erörtern konnte. Serkong Rinpoche seinerseits machte es sich zur Aufgabe, aussterbende Linien und Lehren ausfindig zu machen. Er ließ sie auf sich übertragen, um sie dann dem Dalai Lama weiterzugeben und später auch anderen Lamas. Genauso hatte es in jenen Jahren Dilgo Khyentse gemacht.

Serkong Rinpoche war nicht eigentlich ein politisch denkender Mensch, aber er hatte ein Gespür dafür, was im religiösen Bereich gerade aktuell war oder sich neu anbahnte. Unter den führenden Lamas selbst gab es offenbar keine persönlichen Zwistigkeiten, sie waren in die Verwaltung der Klöster selten eingebunden. Aber zwischen den Verantwortlichen der verschiedenen Klöster kam es öfter zu Gerangel um Status, Einfluss, Macht und Geld. Der Dalai Lama nutzte das diplomatische Geschick von Serkong Rinpoche, um die Verbindung mit der religiösen Hierarchie, über die er keine direkte Weisungsbefugnis hatte, aufrechtzuerhalten und deren führenden Persönlichkeiten seine Ansichten und Wünsche nahezubringen. So war er seinerzeit auch sehr früh schon in die aufkommende Problematik der Shugden-Verehrung in den Gelug-Klöstern eingebunden. Der Rinpoche war kein Freund sektiererischer Interessen, die eine einzige Tradition über die anderen stellt, und betonte immer wieder, dass alle Traditionen miteinander verbunden seien. Auch Tsongkhapa habe von den anderen Traditionen, besonders von den Sakyapa, Teile ihrer Lehren entlehnt, sie umgeformt und in seine spezifische, eher radikale Lehre eingeschmolzen. Die Lehre des Buddha sei in ihrer Essenz überall die gleiche.

Serkong Rinpoche hat mit Ausnahme seiner Studienzeit und in den letzten zehn Jahren seines Lebens, wo er häufiger in seinem Labrang in Ganden weilte, nie in einem Kloster gelebt, sondern war meistens in der unmittelbaren Umgebung des Dalai Lama in Lhasa und in Dharamsala. Sein Haus in Dharamsala, das heute noch existiert, ist ein sehr bescheidener, flacher Bau mit wenigen kleinen Zimmern, das am Hang unterhalb der Busstation liegt. Es lässt nicht ahnen, dass dort ein großer und wichtiger Lama seine Wohnung hatte. Serkong Rinpoche war eigentlich ein Mönchsbeamter, wie es sie in Lhasa bei Hofe und in der Regierung häufig gab. Er war vielleicht der letzte Vertreter dieser Art im Exil, das auch eine gewisse soziale Gleichstellung mit sich gebracht hat.

Es lag dem Rinpoche am Herzen, die nördlichen Grenzgebiete von Tibet zu Indien zu bereisen, die umständlich zu erreichen waren – zu Pferd oder auf einem Yak reitend – und wo niemand so recht hinwollte. Dort lebten nicht nur tibetische Flüchtlinge, sondern auch viele Buddhisten unter den einheimischen Bergstämmen und nicht zuletzt Angehörige tibetischer Spezialeinheiten der indischen Armee, die im Grenzbereich stationiert waren. Er besuchte besonders häufig das Tal von Spiti, das etwa drei Tagesreisen östlich von Dharamsala in der Grenzregion zu Tibet liegt und nur mühsam zu erreichen ist. Es gibt dort zwei Klöster. Das Kyi- und das Tabo-Kloster. Im Laufe der Zeit waren die Mönche dort ziemlich verwildert, der Dharma schlummerte friedlich. Zunächst hatte Trijang Rinpoche versucht, Ordnung zu schaffen, aber er fiel mehrmals vom Pferd und hatte dann keine Lust mehr, die Gegend aufzusuchen. Er bat den Dalai Lama, Serkong Rinpoche dorthin zu schicken. Dieser kümmerte sich besonders um das Kloster Tabo, eine Gründung des berühmten Übersetzers Rinchen Zangpo aus dem 11. Jahrhundert, zur Zeit der zweiten Welle der Buddhisierung Tibets. Serkong Rinpoche stellte die Mönchsdisziplin wieder her, erneuerte die notwendigen Ermächtigungen und Initiationen für die Rituale, sorgte für qualifizierte Lamas und organisierte eine Schule für die Novizen. So wurde er praktisch der zweite Gründer des Klosters, das ihm seitdem irgendwie gehörte wie einem inkarnierten Lama. Er war sehr beliebt bei den Leuten im Tal, einer wasserlosen Gegend. Einmal baten sie ihn, doch für Wasser zu sorgen, aber seine Gebete waren scheinbar umsonst. Wir werden noch davon hören.

Öfter hielt er sich auch in Nepal auf, wo er zusammen mit Serkong Dorje Chang, der Reinkarnation seines Vaters, ein kleines Kloster mit heute etwa fünfzig Mönchen direkt unterhalb des Svayambunath-Tempels in Kathmandu besaß. Die beiden Serkong Rinpoches waren miteinander befreundet, wie heute auch ihre Reinkarnationen, die im Kloster Ganden Jangtse leben.

Serkong Dorje Chang Rinpoche war ein Yogi, vollständig anders als andere Lamas, erzählte uns Lama Paljor in Kathmandu, vollständig vergeistigt und in keiner Weise an weltlichen Dingen interessiert. Als Epileptiker konnte er sich nicht für längere Zeit konzentrieren und hatte deshalb auch nicht besonders lange und intensiv studiert. Er hat nie Belehrungen gegeben. „Lebt nach dem Dharma", sagte er immer, „dann wird alles recht sein." Der Lama war als großer Tantriker in Kathmandu berühmt, er war hellsichtig, und es gibt viele wunderbare Geschichten über ihn. Die einfachen Leute schätzten und liebten ihn, obgleich er völlig weltfremd war. Einmal, als der Dalai Lama eine Kalachakra-Initiation in Kathmandu gab, stiftete der Rinpoche hundert Rupien – heute etwa 2,50 Euro – und gab Anweisung, man solle den Hunderten von Zuhörern davon Brot und Tee kaufen. Er konnte keine Banknoten voneinander unterscheiden, geschweige denn, dass er wusste, was das Geld wert war. Oft verschenkte er alles, was er bei sich hatte, auch seine Kleider, und lief dann splitternackt in der Stadt herum. Er starb 1979, wenige Tage nach einem Schlaganfall, sehr friedvoll, wie er auch gelebt hatte, und die Mönche im Kloster der Serkong Rinpoches glauben fest, dass er ein Erleuchteter war. Nach seiner Verbrennung fand man viele Ringsel in seiner Asche, die als heilige Reliquien in hohen Ehren gehalten werden – wir haben sie selbst gesehen.

In Kathmandu gab es ein kleines, armes, etwas verkommenes Kloster – Phelgyal Ling – mit alten, zwar sehr guten, aber ungebildeten Mönchen. Sie hatten keinen eigenen Lama, und nur selten kam ein qualifizierter Mönch zu ihnen, um sie zu belehren. Die Mönche baten Serkong Rinpoche: „Bitte, Rinpoche, sei in Zukunft unser Lehrer!" Der stimmte zu und reorganisierte das kleine Kloster. Als dann allerdings die Zeit des Shugden-Problems kam, hörten die Mönche nicht auf den Rat ihres Mentors und sind bis heute Shugden-Anhänger geblieben. Auch der Aufbau eines Nonnenklosters in Kathmandu gehörte zu den Projekten, die Serkong Rinpoche beschäftigten. Er kam öfter nach Nepal und blieb von 1972-74 zwei volle Jahre dort, um unter anderem den neugegründeten tibetischen Klöstern die Ermächtigungen und Übertragungen für ihre Rituale zu geben. Er reiste auch in die Mongolei und nach Burjatien in Sibirien, wo der Buddhismus in den 60er und 70er Jahren nach Jahrzehnten der Unterdrückung durch die Sowjets allmählich wieder Fuß fassen konnte, und bereitete dort die späteren Reisen des Dalai Lama in diese Länder vor.

Serkong Rinpoche wird von seinen Schülern als sehr warmherzig beschrieben. Er sei herzensgut gewesen, heißt es. Er lachte und scherzte gern mit anderen, wie es viele Tibeter lieben. Wenn er gute Witze hörte, schüttete er sich aus vor Lachen und erzählte sie sofort weiter. Auf Reisen wurde er sofort jedermanns bester Freund. Nie kehrte er den hochgestellten Lama heraus, der er kraft seines Amtes als Tsenshap war, wenngleich er als der Seitenspross einer Tulku-Linie in der eigentlichen religiösen Hierarchie keinen besonderen Status hatte. Der Rinpoche nahm, wann immer er dazu Zeit hatte, mit den Mitgliedern seines kleinen Labrang zusammen die Mahlzeiten ein und liebte es, mit ihnen hemdsärmelig im Garten zu sitzen. Er mochte Kinder und spielte gern mit ihnen, wenn er dazu Gelegenheit hatte. Er vergaß nie, Spielzeug und Süßigkeiten mitzunehmen, wenn er in Dharamsala das TCV (SOS-Kinderdorf) besuchte.

Tenzin Ngawang, sein letzter Sekretär – heute verheiratet und Manager eines Mittelklassehotels in Kathmandu – meint, der Rinpoche sei erst nach seiner Flucht so milde und regelrecht sanft geworden. In Lhasa wohnte er im unteren Tantra College und war sehr gefürchtet, weil er auf die Leute wirkte wie einer der vielen zornvollen, schreckenerregenden Götter des tibetischen Pantheons. Sie blieben ihm lieber fern. Es ist nicht ganz klar, ob er damals zu Wutausbrüchen neigte oder was sonst ihm diesen Ruf eintrug. Der junge Serkong Rinpoche meinte, als wir ihn nach seiner Meinung fragten: „Oh, er hatte ein so großes Gesicht und konnte sehr zornig aussehen." Die alten Mönche konnten überhaupt nicht fassen, welche Veränderung da mit dem Rinpoche vor sich gegangen war. Vielleicht haben die tragischen Ereignisse von 1959, die der Beginn der Zerstörung einer alten Kultur waren, zum Tod vieler Tibeter führten und nicht zuletzt das erstarrte politische und religiöse Establishment hinwegfegten, ihre Spuren in der Persönlichkeit des Rinpoche hinterlassen.

Er hatte einen ausgesprochen praktischen Verstand und war ein Gegner allen umständlichen und formellen Gehabes, zu Hause wie auch auf Reisen. Ihm kam es immer auf die Essenz und nicht auf das Äußere an. Er fand, statt einem Lama Kekse oder Früchte mitzubringen, die ihm vielleicht gar nicht schmeckten, sollte man ihm etwas Nützliches schenken – oder gar nichts. Überlange Zeremonien und Pujas mochte er nicht, und er reiste nie mit Koffern voll zeremonieller Ornate und ritueller Gegenstände, sondern nahm an Ort und Stelle, was eben gerade vorhanden war – zum Beispiel eine Milchflasche anstatt einer Ritualvase. Er wollte auch nicht, dass man viel Geld für ihn ausgab, um ihn in ein teures Hotel zu stecken oder Erster Klasse reisen zu lassen. Der einfache Lebensstil Gandhis mag ihm dabei ein Vorbild gewesen sein. Wenn er in einem Privathaus übernachtete, dann zog er sich nicht wie andere Lamas zum Essen in sein Zimmer zurück, um dort allein zu essen, sondern setzte sich in T-Shirt und Unterrobe zu der Hausfrau in die Küche, lachte und scherzte. Serkong Rinpoche mochte eigentlich keine Süßigkeiten. Aber wenn sie ihm angeboten wurden, aß er eine gehörige Portion Kuchen, um seine Gastgeber nicht zu kränken und ließ darüber hinaus seinen Sekretär noch das Rezept aufschreiben! Mit langatmigen Tischgebeten sollte man vorsichtig sein, meinte er, sie könnten den Gastgeber in Verlegenheit bringen, wie man sich denn überhaupt in allem zurückhalten und nicht den großen Meister herauskehren sollte, der überall ungefragt gute Ratschläge gebe. Er war in seinen späteren Jahren durchaus feinfühlig und dabei ein Lama zum Anfassen.

Wenn er gefragt wurde, welchen Ratschlag er für das Leben geben könne, sagte er, man solle immer demütig sein und anspruchslos. Man solle ein warmes Herz haben, jedermann ernstnehmen und seinen Eltern mit Liebe und größter Achtung begegnen. Alles das verkörperte der Rinpoche selbst in seinem Leben. Für ihn war jeder Mensch, der ihm begegnete, gleich, und jeder hatte den gleichen Anspruch, von ihm wirklich ernstgenommen zu werden – auch wenn es ein Hippie mit Fragen war, die seine absolute Ahnungslosigkeit erkennen ließen. Auch nahm er Kinder genauso ernst wie Erwachsene.

Als bester Debattierer seines Klosters Ganden Jangtse war er natürlich ein Experte im Sutrayana. Er war aber auch ein Meditationsmeister aller vier Tantra-Klassen der Gelug-Tradition, was insofern selten war, als man in jedem der beiden tantrischen Klöster zwar alle Tantra-Klassen theoretisch lernen konnte, praktisch wurde aber vor allem das Anuttara-Yoga-Tantra geübt. Serkong Rinpoche beherrschte und praktizierte noch einige andere, seltene Tantras, auch solche, die, wie das Tantra von Hayagriva, mit Nyingma-Praktiken in Verbindung standen. Das Kalachakra-Tantra, in dessen Ritualen und Techniken Serkong Rinpoche als Erbe seines Vaters ein Meister war, kann man heute nicht einmal in den tantrischen Klöstern lernen, sondern nur im Namgyal-Kloster in Dharamsala.

In seinem Leben verbrachte er lange Zeit in Klausur, um auch seltenere tantrische Praktiken des Carya-Tantra und des Yoga-Tantra – den zwei niederen Klassen des Tantra – zu üben, wobei er besonders an deren technischen Aspekten interessiert war. Der Rinpoche war ein Experte für den Aufbau und die Abmessungen mehrdimensionaler Mandalas, aber auch der Rituale für Feuer-Pujas und den Bau bestimmter Stupas, in denen Reliquien aufbewahrt werden.

Wie andere zeitgenössische Lamas, war er in der Poesie, der Komposition und der tibetischen Grammatik bewandert, ebenso in der tibetischen Astrologie. Schließlich war er auch ein Experte im „Mo". Mo-Orakel stehen hauptsächlich mit Palden Lhamo, der Schutzgottheit Tibets, in Beziehung, aber auch mit verschiedenen anderen Gottheiten. Wer das Mo macht, muss bestimmte Einweihungen in die Gottheit haben, an die eine Frage gestellt werden soll. Dazu benutzt man am häufigsten drei Würfel in verschiedenen Farben: Weiß, schwarz und rot. Sie werden dann gleichzeitig geworfen, mit der Bitte an die Gottheit, die Frage zu beantworten. Wenn als Summe der Zahlen drei herauskommt, ist das ein ziemlich armseliges Resultat, entsprechend ist achtzehn ein sehr gutes Mo. Aber die Zahlen allein beweisen nicht unbedingt eine gute Qualität. Die muss man aus einem besonderen Mo-Buch (Petcha) ermitteln, aus dem man dann die Bedeutung einer bestimmten Zahl ersehen kann. Für die verschiedenen Schutzgeister, die befragt werden können, gibt es natürlich auch verschiedene Bücher, wobei das von Palden Lhamo am häufigsten benutzt wird. Große Lamas müssen aber nur selten in diesen Büchern nachschlagen.

Der Dalai Lama hat Serkong Rinpoche einmal mit den alten Kadam-Gelehrten verglichen, die ihre Kenntnisse und ihre Meditationspraxis eher verborgen hielten und ein bescheidenes Leben führten. 1042 kam Atisha, ein großer indischer Gelehrter, nach Tibet und leitete die Erneuerung des Buddhismus mit der Gründung von vielen, später weithin berühmten Klöstern ein. Daraus entstand dann die alte Kadam-Tradition. Es war Serkong Rinpoche ein Gräuel, wenn Lamas ihr Wissen vorführten und sich, wie er sagte, als „Bodhisattvas zum Mieten" darstellten. Genau entsprechend dieser Einschätzung erwiderte der junge Serkong Rinpoche vor Jahren auf unsere Frage, was er über seinen Vorgänger wisse: „Ich habe gehört, dass er ein einfacher Mönch war, ein einfacher Lama. Er hat für die Regierung gearbeitet und für Seine Heiligkeit." Das war eine Untertreibung, denn der junge Lama fühlte sich nach seinen eigenen Worten durchaus als dieselbe Person. Es sei genauso, wie wenn man auf seine Jugend zurückblicke und realisiere, dass man reifer geworden sei und sich physisch verändert habe – aber man sei doch immer noch dieselbe Person.

Ähnlich wie die Kadam-Lamas, hielt es auch Serkong Rinpoche. Er praktizierte, wenn alle anderen schlafen gegangen waren, und legte sich erst im Morgengrauen zur Ruhe. Nur durch Zufall konnte sein Chandsö einmal auf einer Reise beobachten, dass der Rinpoche des Nachts die „Sechs Yogas des Naropa" praktizierte, mit komplizierten Körperstellungen ähnlich wie im Hatha-Yoga. Das wäre nichts Besonderes, wenn nicht Serkong Rinpoche ungemein dick gewesen wäre, so dick, dass er nicht ohne Hilfe aufstehen und sich fortbewegen konnte. Nebenbei bemerkt, scheint es bei hochrangigen Lamas durchaus üblich zu sein, dass auch nicht sehr alte und nicht sehr dicke Rinpoches beim Gehen und Treppensteigen von zwei Mönchen gestützt und geschleppt werden. Diese plötzliche Beweglichkeit zeigte der Rinpoche auch bei anderen Gelegenheiten, etwa auf einem Flughafen, wo er plötzlich losrannte, weil es höchste Zeit war, oder bei einer Zeremonie in Bodhgaya, wo der Dalai Lama einen Stapel Blätter vor sich liegen hatte, als ein Windstoß einige davon fortwehte. Und Serkong Rinpoche, der gewöhnlich neben dem Dalai Lama saß, war schneller auf den Beinen als jeder andere und sammelte sie ein. Zu seiner täglichen Praxis gehörte es auch, einen höchst komplizierten philosophischen Text von Tsongkhapa mit einem Umfang von zweihundertfünfzig Seiten auswendig zu rezitieren. Dazu nutzte er jede freie Minute, auch die Zeit, während der etwa seine Belehrungen übersetzt wurden.

Serkong Rinpoche war ein Meister des Rituals und Protokolls, aber er gab keine Belehrungen in großem Stil, wie etwa Trijang Rinpoche. Man konnte mit Fug und Recht sagen, dass der Dalai Lama in vielem sein Schüler gewesen war, und späterhin waren es vor allem die zwanzig oder dreißig Einsiedler, die in den Höhlen oberhalb von Dharamsala hausten, in sein Haus kamen und seine engen Schüler wurden, ebenso wie die Medien des Gadong- und des Nechung-Orakels. In seinen Belehrungen war er sehr anpassungsfähig und stellte nie sein überragendes Wissen heraus. Wenn er vor einem Publikum anderer tibetischer Schulen sprach, redete er genau im Stil der jeweiligen Tradition und angepasst an deren Textauslegungen, die von denen seiner eigenen, der Gelug-Tradition, abweichen mochten.

Die Menschen in seiner Umgebung waren sich sicher, dass er durch seine meditative Praxis außergewöhnliche Kräfte erworben und völlige Kontrolle über sein subtiles Energiesystem erlangt hatte. Alexander Berzin, sein langjähriger amerikanischer Schüler und Übersetzer, gab uns für die hellseherischen Kräfte seines Lehrers ein Beispiel. Als der Rinpoche einmal in Frankreich gelehrt hatte, wollte Berzin ihm voraus nach Paris fahren, um Freunde zu besuchen. Er fragte den Rinpoche, ob er am Sonntag fahren könne:

„Sehr gut, du kannst am Montag fahren“, sagte der Rinpoche, „nein, nein, ich will am Sonntag fahren“, beharrte Berzin. „Gut, also du fährst am Montag“, sagte der Rinpoche wieder. Kurz und gut, Berzins Wagen hatte eine Panne, und er kam wirklich erst am Montag nach Paris. Ein andermal stellte er Serkong Rinpoche in den USA seinen Neffen vor, der Haschkonsument war, und der Rinpoche, der davon nichts wissen konnte, ermahnte den Jungen augenblicklich, nicht mehr Hasch zu rauchen. Bei einer anderen Gelegenheit schickte er Berzin voraus, als sie eben im Tushita-Center in Dharamsala mit dem Wagen ankamen: „Lauf schnell, drinnen ist eine Kerze umgefallen. Es brennt!“ Und so war es. Die tantrische Kraft von Serkong Rinpoche zeigte sich ganz deutlich am Ende seines Lebens – doch davon später.

Serkong Rinpoche reiste zweimal für je sechs Monate in den Westen. Vom Dezember 1979 bis August 1980 lehrte er in Italien – wo er auch eine Audienz beim Papst hatte. Er weilte in der Schweiz, in Frankreich, England, den USA und Kanada und vom Juli 1982 bis Februar 1983 erneut in den USA, Kanada, England, Frankreich, Holland, Deutschland, Österreich, Spanien, Italien und der Schweiz. Sein Chandsö, sein Sekretär und Berzin begleiteten ihn. Er war anfangs gar nicht begeistert, dass er westliche Schüler belehren sollte – das ist anderen Lamas damals genauso gegangen. Im Bodhisattva-Gelübde, das jeder ablegen muss, der den Bodhisattva-Pfad beschreiten will, gibt es einen Passus, nach dem es nicht erlaubt ist, über die Leerheit zu sprechen, wenn ein Schüler nicht über die notwendigen Grundlagen für ein unmittelbares Verständnis verfügt – was für alle Ausländer gilt, aber letztlich genauso für jeden Tibeter, der nicht die rigorose Ausbildung an einer Mönchsuniversität oder einem entsprechenden College durchlaufen hat.

Es hat sich dann sehr schnell gezeigt, dass mit den reichlichen Spenden, die ein tibetischer Lama in den Dharma-Zentren im Westen einsammeln konnte, ein sehr wichtiger Beitrag zum Auf- und Ausbau seines jeweiligen Klosters geleistet werden konnte.

Damit schwanden die Bedenken der reisenden Lamas. Im Grunde wiederholte sich hier, was schon das Tulku-System im alten Tibet ausgezeichnet hatte. Verstarb ein berühmter inkarnierter Lama, dann flossen bis zu seiner Wiederkehr die Gelder nur spärlich – geht jetzt ein Lama nicht auf Reisen, dann hungern, übertrieben ausgedrückt, seine Mönche zu Hause. Aber es fehlt ihnen für oft lange Zeit etwas sehr Wichtiges – ihr qualifizierter Lehrer. Das ist die andere Seite der Medaille.

Serkong Rinpoche hat den Unterschied zwischen westlichen und tibetischen Schülern wohl nie ausdrücklich kommentiert. „Sie stellen so dämliche Fragen", hat er einmal zu seinem Sekretär Ngawang gesagt, „tibetische Laien fragen nie etwas!" Das war aber eher scherzhaft gemeint, denn er hat die Westler und ihre Fragen immer sehr ernstgenommen. Woher sollten sie denn auch tiefe Kenntnisse über den Buddhismus haben, zumal in jener frühen Zeit? Er redete gewöhnlich auf einer sprachlichen Ebene, der seine Zuhörer in etwa folgen konnten, und forderte ihre Auffassungsgabe jedes Mal ein wenig stärker heraus. Es kam auch schon einmal vor, dass er bewusst etwas falsch erklärte, und wenn die Schüler das nicht merkten, sondern eifrig alles mitschrieben, dann schalt er sie später und meinte, sie hätten ihn fragen müssen, wenn ihnen etwas nicht korrekt vorgekommen sei. Das war sicher gut gemeint, aber eigentlich ziemlich unrealistisch, denn wie sollten ahnungslose Anfänger im Westen merken, wenn ihr verehrter Lama bei einer so komplizierten und traditionell vorgetragenen Materie etwas Falsches sagte. Im Prinzip hat der Rinpoche das wohl ähnlich gesehen, denn er hat zusammen mit Alexander Berzin versucht, eine Art englisch-tibetisches Wörterbuch philosophischer Begriffe zu erarbeiten.

Nicht nur stellen westliche Schüler viele Fragen – sie wollen möglichst schnell zur Erleuchtung kommen und bezahlen viel Geld dafür. Auch westliche Frauen verhalten sich völlig anders, als Tibeter das gewöhnt sind, und zeigen ihre Hingabe und Verehrung sehr viel direkter. Tenzin Ngawang meinte dazu: „Wenn Sie mich fragen, wie wir auf westliche Schülerinnen reagiert haben, dann muss ich sagen: Wir waren Mönche, jung, aber eben Mönche und haben uns nichts gedacht. Wir haben nicht gesehen, ob sie hübsch waren oder nicht, oder bemerkt, dass sie so hinter den Rinpoches her waren. Später, als ich kein Mönch mehr war, da habe ich das anders gesehen. Ich glaube, die meisten Lamas haben damals so reagiert wie ich. Sie hatten einfach kein Gefühl dafür, dass es Frauen waren oder dass sie sich anders verhielten als Männer. Wir kannten ja nicht einmal Worte mit sexueller Bedeutung."

Gegenüber seinen westlichen Schülern hat Serkong Rinpoche immer wieder betont, wie wichtig es sei, die richtige Wahl in Bezug auf seinen Guru zu treffen. Er meinte, sie fielen immer wieder auf schlechte Lehrer, auf Meditationen und angebotene Initiationen herein, ohne zu prüfen, ob diese wirklich segensreich waren. Das ist absolut richtig, aber für einen im Westen lebenden Buddhisten ungeheuer schwierig – auch ein tibetischer Mönch, der oft schon als Kind in ein Kloster gebracht worden ist, hat ja so gut wie nie irgendeine Wahlmöglichkeit gehabt. Seine Schüler sollten sich nicht auf das Wort des Lehrers verlassen, sagte er, sondern in der Lage sein, die großen Texte selbst im Original zu lesen. Er sagte zu Berzin: „Lerne gut tibetisch – du wirst niemals einen Lehrer finden, der dir jeden Text erklärt, den du gerade studieren willst. Du musst ihn selbst lesen können, und dann kannst du zu einem Lama gehen und ihn bitten, dir zu erklären, was du nicht verstanden hast." Das ist so, als wenn man heute einem Theologie-Studenten empfiehlt, Hebräisch zu lernen, um die Bibeltexte lesen zu können, in der Hoffnung, sie dann auch richtig zu deuten. Die klassischen Texte sind in einem Tibetisch abgefasst, das genauso schwer verständlich wie Latein oder Hebräisch für uns ist. Auch heute noch gibt es keine Texte in normalem Tibetisch, bis auf einige wenige Belehrungen, die der Dalai Lama gegeben hat. Dazu kommt, dass man die Sutras, ganz zu schweigen von den Tantras, ohne mündliche Anleitung nicht verstehen kann. Sie wiederholen sich, sind nicht logisch angeordnet und widersprechen sich oft; und auch die Lehrer geben häufig nur Detailinformationen und überlassen es den Schülern, das Ganze wie ein Puzzle zusammenzusetzen, schreibt Alexander Berzin in seinem lesenswerten Buch über die spirituelle Beziehung zwischen Lehrer und Schüler.

Vom Nutzen der vielen Initiationen, die westliche Schüler in ihren Dharma-Zentren von tibetischen Lamas bekommen, war Serkong Rinpoche wohl nicht ganz überzeugt, vor allem wenn dann im nachhinein die meist mit den Gelübden verbundenen Verpflichtungen – Gebete und Mantras zu rezitieren – nicht eingehalten werden können. Er sah auch sehr klar, dass die meisten Leute im Westen keine Zeit haben, über Jahre und Monate in Klausuren zu gehen, so nützlich das auch für eine meditative Praxis sein mochte. Aber, praktisch wie er war, empfahl er, jeden Morgen und jeden Abend eine intensive Meditationssitzung zu machen und dazwischen seiner ganz normalen Arbeit nachzugehen. Er selber hielt es oft genauso.

Das heißt natürlich nicht, dass er nicht darauf bestand, alle Rituale korrekt auszuführen. Besonderen Wert legte er auf Feuer-Pujas nach einer Klausur, und er brachte seinen westlichen Schülern genau bei, welche Vorbereitungen zu treffen waren – man musste zum Beispiel bis zu zehntausend lange Grashalme vorrätig haben! Er gab an, welche Maße das Mandala haben musste, das mit farbigen Pudern um den Feuerplatz aufgemalt wird, und was sonst noch zu beachten war. Das alles sollte man berücksichtigen, auch wenn man vielleicht aus sprachlichen Gründen die notwendigen rituellen Texte und Mantras nicht selbst zitieren konnte.

Alexander Berzin, der selbst kein Mönch ist und auch nie war, wurde von seinem Lehrer regelrecht als Übersetzer trainiert, und zwar in einer Weise, dass er allmählich das Gefühl bekam, er werde als eine Art Geschenk für den Dalai Lama vorbereitet. Serkong Rinpoche hat das Gedächtnis von Berzin systematisch trainiert, indem er ihn erst kürzere, dann immer längere Passagen einer Belehrung auf tibetisch wiederholen ließ und urplötzlich sagte, er solle wörtlich wiederholen, was er, der Rinpoche, eben gesagt habe. Wenn Berzin einmal die Bedeutung eines Wortes nicht mehr wusste, dann sagte der Rinpoche: „Ich habe dir das schon einmal vor fünf Jahren erklärt. Wenn ich mich daran erinnere, wieso hast du das vergessen?" Er hatte ein vorzügliches Gedächtnis und erinnerte sich an alles, was er jemals in seinem Leben gelernt hatte.

Was Berzin über seine Beziehung zu dem Rinpoche erzählt, mit dem er neun Jahre lang eng zusammenlebte, klingt in unseren Ohren oft sehr seltsam, wenn man nicht weiß, dass Asiaten – nicht nur tibetische Lehrer – ihre Zuneigung nicht verbalisieren. Wenn ein Lama seinen Schüler ausschimpft, dann ist das schon ein Zeichen seiner Fürsorge – und Serkong Rinpoche hat Berzin häufig vor anderen gescholten und ihn auch schon einmal einen Idioten genannt. Berzin meint, das habe ihm seinen Stolz auf seine akademische Herkunft ausgetrieben und ihn unempfindlich gegenüber Kritik und Misserfolgen gemacht. In all den Jahren hat der Rinpoche sich niemals nach der Familie oder nach dem Privatleben von Berzin erkundigt – und nur ein einziges Mal „Danke" zu ihm gesagt. Aber Berzin wird gewusst haben, dass es nur wenige Lamas gibt, die gelegentlich „Bitte" und „Danke" sagen. Er meint, man dürfe seinen Lehrer nicht kritisieren, wenn er sich nicht im Geringsten für den kulturellen Hintergrund seines Schülers interessiere, sondern im Gegenteil, dieser müsse lernen, die kulturelle Sprache des Lehrers zu verstehen. Viele westliche Nonnen und Mönche sind da sicher ganz anderer Meinung.

Nach seiner letzten Reise in den Westen, im Februar 1983, kehrte Serkong Rinpoche direkt nach Ganden zurück. Im Juli wollte der Dalai Lama in Spiti eine Kalachakra-Initiation durchführen, die Krönung vieler Jahre Mühen, die der Rinpoche in die Erneuerung des Dharma in jener Region gesteckt hatte. Als er nach Dharamsala abreiste, ließ er seine Robe, seine Schuhe, seine rituelle Glocke und seine Bücher, die er immer mit sich nahm, in seinem Labrang zurück. Das war ganz ungewöhnlich und nachträglich gesehen ein sicheres Zeichen, dass der Lama nach Ganden zurückkehren werde – in seinem nächsten Leben. Kurz vorher hatte das Nechung-Orakel verkündet, dass dem Dalai Lama Unheil drohe. Das wurde natürlich im Haushalt des Rinpoche heftig diskutiert und man fragte ihn, was man denn außer Beten noch machen könne: „Man muss abwarten", sagte er nur leise, „vielleicht kann man ja etwas tun."

Die letzten Tage im Leben von Serkong Rinpoche hat uns sein Sekretär Tenzin Ngawang in Kathmandu sehr bewegend geschildert. Seine Erzählung lässt die menschlichen Züge an diesem großartigen Lama vor uns noch einmal erstehen: „Im Juni oder Juli 1983 hatte die Kalachakra-Initiation im Tabo-Kloster in Spiti stattgefunden. Anschließend führte der Rinpoche für einen Monat in diesem Kloster eine Klausur durch und gab den Mönchen hinterher eine Belehrung über einen Text von Shantideva. Danach wollte er sich für einige Tage mit seinem Freund Kachen Drugyel, einem alten Mönch, treffen, um zu plaudern und sich zu entspannen. Er schickte mich los, um ihn zu holen. Derweil hatten sich sein Chandsö und die Mönche aus dem Namgyal-Kloster in Dharamsala, die das Sandmandala gebaut und viel Gepäck hatten, zusammen auf den Weg nach Hause gemacht. Rinpoche machte noch zehntausend Feuer-Pujas – dabei wirft man zehntausend lange Grashalme in das Feuer – normalerweise genügt eine einzige Feuer-Puja nach Abschluss der Klausur. Am nächsten Tag kam dann Kachen-la zu uns.

Dann fuhren wir zusammen in einem Jeep zu einem Feldlager der indischen Armee in der Nähe des Klosters. Die Inder hatten den Rinpoche eingeladen, das Lager und eine kleine heiße Quelle dort zu segnen. Rinpoche liebte heiße Quellen sehr. Wir blieben drei Tage dort, Rinpoche segnete alles, und wir konnten auch baden. Danach luden viele Leute Rinpoche in ihr Haus ein, und auch das Kloster schickte jemanden, um ihn zurückzubringen. Er sagte allen zu, ohne sich zu entschließen, irgendwo wirklich hinzugehen. Das war schon sehr ungewöhnlich, denn normalerweise musste ich für ihn einen sehr präzisen Terminkalender führen. Nach langem Hin und Her, nachdem ich ihn immer wieder gefragt hatte: „Wohin gehen wir denn jetzt?“, meinte Rinpoche schließlich, er wolle auf die Berge steigen, obwohl er kaum ohne Hilfe laufen konnte. Es war richtig absurd, aber es war wohl nur ein Scherz. Ich fragte immer wieder nach und sagte: „Wir müssen der Armee Bescheid geben, wann und wohin wir gehen“, denn wir waren im Grenzgebiet zu Tibet. Am Ende sagte Rinpoche: „Okay, wir gehen nach Kyibar“, das ist das höchstgelegene Tal von Spiti. Dort wohnte sein Freund Lobsang Tsering, der ein schönes Haus besaß. Dort also wollte er hin.

Ich ließ einen Mann mit Pferden kommen, der immer für den Rinpoche sorgte, wenn er in Spiti war. Der kannte schon die Art des Rinpoche, der einmal hierhin und dann dorthin reiten wollte. Es war nicht immer einfach. Auch jetzt sagte er wieder: „Morgen reiten wir ab.“ Dann wieder hieß es: „Übermorgen.“ Wir blieben also noch zwei Nächte. Am folgenden Morgen – es war der 29.8.1983 – ging der Rinpoche in den Tempel der Armee, um zu beten, sprach noch mit den Offizieren und mit einigen Buddhisten unter den Soldaten. Dann wurden Fotos gemacht – es zog sich alles ziemlich lange hin. Schließlich waren wir zur Mittagszeit zurück im Tabo-Kloster. „Hast du Geld mit? Nimm keine Bücher mit, nur das Buch, das ich von Seiner Heiligkeit bekommen habe“, sagte mir der Rinpoche. In dem Buch waren viele Initiationen aufgeschrieben. „Und ein weißes Bettlaken.“ „Muss es neu sein oder etwas Besonderes?“, fragte ich. „Nein, es muss nur ganz sauber sein.“ Normalerweise benutzte er immer gelbe Laken. Ein Tantriker benutzt gelbe Laken bei Ritualen, die seine Fähigkeit, anderen zu helfen, vermehren; weiße Laken bei solchen, die Behinderungen beseitigen sollen.

Nach dem Lunch kamen wir endlich fort. Auf dem Weg sagte Rinpoche ganz unvermittelt: „Meine Arbeit hier ist zu Ende. Es bleiben nur noch zwei Dinge zu tun übrig, zwei Dinge. Ich habe immer noch nicht die Reinkarnation von Dorje Chang gefunden, und ich muss noch eine wichtige Belehrung geben", murmelte der Rinpoche vor sich hin. Er war kaum zu verstehen. „Oh, die Belehrung können Sie machen, wenn wir zurück in Dharamsala sind, das ist kein Problem, Rinpoche", sagte ich, „und mit der Reinkarnation, da müssen Sie abwarten." „Ja, ja", sagte Rinpoche nur.

Ich schickte einen Jungen nach Kyibar, um unsere Ankunft anzukündigen. Da änderte Rinpoche auf einmal seine Meinung, jetzt wollte er das Kloster Kyi besuchen, das am Weg lag. „Es ist schon fünf Uhr, Rinpoche", sagte ich, „wir haben keine Zeit mehr. Auf dem Rückweg können wir das Kloster genauso gut besuchen." „Ja, ja, macht nichts", erwiderte er, „aber den alten Mönchen wird das gar nicht gefallen, wenn wir jetzt nicht kommen. Ich gehe nur eben mal in den Tempel, und du gibst den Mönchen genügend Geld für Tee und Tsampa. Danach reiten wir weiter."

Später, als wir endlich im Haus von Lobsang Tsering waren, bat Rinpoche ihn, das Bettlaken zu wechseln, er habe sein eigenes, und das von Lobsang sei schmutzig, scherzte er. Dann sprach er seine Gebete, zusätzlich aber noch ein anderes Gebet, dass wir zunächst nicht verstehen konnten. Ich fragte Rinpoche, wann er essen wolle: „Das ist nicht wichtig, warte. Sitze ein bisschen bei mir." Dann wollte er zur Toilette gehen, da gab es aber kein Licht, und ich wollte mit ihm gehen. Plötzlich sagte er: „Es geht mir nicht so gut", und legte seinen Kopf an meine Schulter. Als wir von der Toilette zurückkamen, wollte er Licht in seinem Zimmer haben. Ich fragte ihn, ob ich einen indischen oder einen tibetischen Doktor holen sollte: „Nein, nein, ich brauche keine Medizin", sagte er sehr leise und legte sich auf das Bett. Kachen-la und ich saßen ganz still bei ihm im Zimmer – das Licht war an. Nach vielleicht zehn Minuten war Rinpoche für immer eingeschlafen. Er lag auf der rechten Seite und blieb ohne jede körperliche Veränderung so für drei Tage in seiner Todesmeditation. Dann traten zwei Tropfen aus seiner Nase, einer weißlich, einer rötlich-wässerig, wie bei einem starken Schnupfen – das Zeichen, dass sein Bewusstsein endgültig den Körper verlassen hatte.

Wir waren vollständig geschockt, wir hätten nicht im Traum daran gedacht, dass der Rinpoche sterben könnte. Obwohl, als wir uns ins Gedächtnis zurückgerufen hatten, was Rinpoche in den letzten Tagen gesagt hatte, dann hätten wir aufmerksam werden müssen."

Am vierten Tag nach seinem Tod fand dann die feierliche Verbrennung statt. Es kamen alle Mönche aus den beiden Klöstern und hunderte von Einheimischen, auch die Inder aus dem Armeelager. Es waren Boten nach Kathmandu und Dharamsala geschickt worden, aber der Weg war zu weit, als dass die Mitglieder seiner Labrangs rechtzeitig hätten kommen können. Während der Verbrennung sahen alle Regenbögen und wunderbare Lichter über dem Verbrennungsplatz. Plötzlich brach von einem Hügel direkt oberhalb ein Stück Felsen herunter, wie bei einem Erdrutsch. Es gab einen Krach, als sei eine Bombe explodiert. Steine, Lehm und Wasser kamen herunter. „Wir wussten nicht genau, was das bedeuten sollte", sagte Tenzin Ngawang, „und sahen uns das eine halbe Stunde oder eine Stunde lang immer wieder an. Dann rutschte kein Geröll mehr herunter, es kam nur noch kristallklares Wasser. Das war wie ein Wunder, denn es gibt nur wenig Wasser in der Gegend. Diese Quelle, die heute noch besteht, ist nicht heiß, wie öfter im Himalaya, und das Wasser friert im Winter zu langen Eiszapfen, aber es heilt manche Krankheiten. Rinpoche war jedes zweite Jahr nach Spiti gekommen, und gerade an der Stelle, wo jetzt die Quelle fließt, hatte er zweimal eine Puja durchgeführt, weil die Leute ihn um Wasser gebeten hatten. Aber die Gebete hatten scheinbar nichts genutzt. Jetzt aber wurde alles klar."

Klar wurde seiner Umgebung auch, dass Serkong Rinpoche mit der tantrischen Praxis von „Tonglen", wörtlich „Geben und Nehmen", seinem Leben selbst ein Ende gesetzt hatte, um die Gefahr, die dem Dalai Lama drohte, zu bannen. Seine Ärzte in Delhi hatten ihn noch im Mai durchgecheckt und nichts zu beanstanden gefunden. Es gab keine medizinisch einleuchtende Erklärung für seinen plötzlichen Tod im Alter von neunundsechzig Jahren. Als der Rinpoche starb, befand sich der Dalai Lama auf dem Flug nach Genf. Zuvor hatten die Genfer Behörden erklärt, sie könnten nicht für die Sicherheit Seiner Heiligkeit garantieren, weil zur gleichen Zeit Arafat ankomme und alle Sicherheitskräfte dadurch gebunden seien. Kurz vor der Ankunft des Dalai Lama in Genf sagte Arafat plötzlich seinen Besuch ab, und die Schweizer Behörden konnten sich nun ausschließlich um die Sicherheit ihres hohen tibetischen Gastes kümmern. Die Gefahr war beseitigt.

Wir haben Seine Heiligkeit gefragt, was er von der Meinung vieler Menschen halte, dass Serkong Rinpoche sein Leben für ihn aufgeopfert habe. Er habe davon gehört, meinte er und fuhr dann fort: „Es mag da eine Verbindung geben, dass der Tod von Serkong Rinpoche einige sehr negative Kräfte oder Karma beseitigt hat, dadurch dass er sie auf sich genommen hat. Aber das ist sehr, sehr geheimnisvoll. So etwas ist möglich, aber es ist sehr schwierig, das präzise zu sagen. Auch der Minling Trizin (der Thronhalter der Mindrolling-Schule der Nyingmapas) bestand vor meiner Abreise nach Genf darauf, mich zu sehen, obgleich ich überhaupt keine Zeit hatte. Er kam dann in mein Zimmer im Hotel Ashoka in Delhi und sagte sofort: „Etwas wird Seiner Heiligkeit geschehen, etwas wird Seiner Heiligkeit geschehen!“, noch bevor er mich formell begrüßt hatte. Es war alles sehr heftig und turbulent. Er warnte mich: „Es wird Schwierigkeiten geben, es wird Schwierigkeiten geben“, aber er sagte nichts Genaues, nicht welche es sein könnten, es war so ein Durcheinander.“

Der Chandsö von Serkong Rinpoche wandte sich später an den Dalai Lama, um die Reinkarnation seines Lamas zu finden. Dieser sagte: „Macht euch keine Sorgen, es ist meine Pflicht, mich darum zu kümmern, denn der Rinpoche ist einer meiner Lehrer gewesen“, so erzählt es der jetzige Serkong Rinpoche. „Der Dalai Lama machte Mo und gab dann den Namen meiner Eltern an und sagte auch, dass die Wiedergeburt in Spiti geboren werde. Er gab Anweisung, in einem bestimmten Ortsteil nach Jungen in einem bestimmten Alter zu suchen. Von denen hat man eine Liste gemacht, aus welcher der Dalai Lama mich dann bestätigte. Er setzte einfach sein Siegel neben den Namen. Es gab keine besondere Prüfung." Serkong Rinpoche ist am 29. 5. 1984, ziemlich genau neun Monate nach seinem Tod, zu seinen Schülern zurückgekehrt.

Quellenachweise:

Berzin, Alexander: Relating to a Spiritual Teacher. Building a Healthy Relationship. Snow Lion Publ., Ithaca, NY. 2000

Berzin, Alexander: A portait of Tsenshab Serkong Rinpochey. (Manuskript ohne Jahresangabe.)

Berzin, Alexander: Notes on the life of Tsenshap Serkong Rinpoche. (Artikel ohne Jahresangabe)

Interview mit Alexander Berzin in Berlin, am 5.4.2001

Interview mit Lama Paljor im Serkong Kloster in Katmandu/Nepal, am 3.10.2001

Interview mit Serkong Dorjee Chang Rinpoche im Kloster Ganden Jangtse, am 14.2.2001

Interview mit Tenzin Ngawang in Kathmandu/Nepal, am 4.10.2001

Interviews mit Tsenshap Serkong Rinpoche im Kloster Ganden Jangtse, am 30.1.1999, 14.2.2001 und 7.2.2002

Rakra Rinpoche Thubten Chödar: Biographie von Serkong Dorje Chang, Tibet House Delhi 1982. Auszugsweise ins Englische übersetzt von Tsering Oberhänsli, Zürich.

VII. Kyabje Yongdzin Trijang Rinpoche (1901-1981)

Zu seiner Zeit war Trijang Rinpoche einer der bekanntesten und respektiertesten Lamas. Als der zweite (Junior-) Tutor des Dalai Lama hatte er einen besonders hohen Bekanntheitsgrad – der Titel „Yongdzin" weist ihn als Tutor aus – , der durch seine ausgesprochene Weltoffenheit verstärkt wurde. Er kam aus einem Adelsgeschlecht und wurde im Winter 1901 in Tsäl Kungthang, einem kleinen Dorf in der Nähe von Lhasa, geboren. Ein Pfirsichbaum fing zur Zeit der Geburt im Garten an zu blühen, ein Zeichen, dass hier ein ganz besonderes Kind geboren worden war. Mit drei Jahren wurde er als Tulku gefunden, aber erst zwei Jahre später im Kloster Ganden Shartse inthronisiert. Es gab einen anderen Kandidaten, der von einer einflussreichen Gruppe aufgestellt worden war und wahrscheinlich ähnlich gute Ergebnisse bei seiner Prüfung durch eine Kommission gehabt hatte. Es ging, wie immer in solchen Fällen mit zwei gleichwertigen Kandidaten, um Macht, Status und vor allem um Ansprüche auf den Besitz der Linie.

Die zwei Vorgänger in der direkten Linie waren beide Ganden Tripas gewesen, Thronhalter der Gelug-Tradition. Trijang Jangchub Choephel (1796-1838), dessen Namen in Trijang abgekürzt wurde, als er zum 66. Ganden Tripa gewählt wurde, und Tri Tsultrim Palden (1839-1900), der wie der vorige ebenfalls ein sehr berühmter Meister und der 85. Ganden Tripa gewesen war. Seine Reinkarnation, Trijang Lobsang Yeshe, von dem hier die Rede sein soll, hat darauf verzichtet, Thronhalter zu werden, „weil die Meinung besteht, dass ein Wesen, das dreimal Thronhalter war, sofort nach seinem Tode in ein Reines Land eingeht. Es kommt nicht mehr auf diese Welt zurück und hat so keine Möglichkeit mehr, allen Lebewesen zu helfen", sagt der jetzige Trijang Rinpoche. Nach einer anderen Zählweise führt sich die Linie bis auf den Kutscher des Buddha zurück. Große indische und tibetische Meister, wie Atisha und Chandrakirti, aber auch der Karmapa Mikyö Dorje (1507-1554) gehörten zu den fünfzehn vorhergehenden Inkarnationen von Trijang Rinpoche in dieser Linie. Es bleibt dahingestellt, ob es sich um Reinkarnationen des Bewusstseinskontinuums dieser Meister handelt oder ob nicht vielmehr gemeint ist, dass sich hier gewisse Aspekte ihres Bewusstseinstromes widerspiegeln. Für die spirituelle Verwirklichung eines bestimmten Tulkus spielt das sicher keine Rolle.

Den Trijang Rinpoches gehörte das Kloster Sampel Ling im Distrikt Chateng (Chatring) in Kham, in dem der Tulku nach seiner Inthronisierung zunächst einige Jahre blieb und wohin er auch nach Abschluss seiner tantrischen Studien wieder für einige Zeit zurückkehrte. Später, mit etwa sieben Jahren, wurde das Kind zum Studium in das Kloster Ganden gebracht und bekam schon in jungen Jahren viele Übertragungen, Initiationen und Ermächtigungen. Er beendete sein Studium außerordentlich schnell und legte sein Examen als Geshe Lharampa bereits mit neunzehn Jahren ab, noch bevor er die volle Ordination als Mönch bekommen hatte. Das war selbst für einen Tsogchen-Tulku sehr ungewöhnlich. Tsogchen Tulkus sind hohe, regierungsamtlich anerkannte Tulkus der Gelug-Tradition mit besonderen Privilegien – sie haben ihren eigenen Haushalt (Labrang), brauchen nicht an den zeitraubenden Gebetsversammlungen aller Mönche teilnehmen, die zweimal täglich stattfinden, werden von Privatlehrern unterrichtet und früher zu den Prüfungen zugelassen als andere Mönche und Tulkus. Anschließend studierte er im Kloster Gyütö Tantra und bekam auch danach noch viele Unterweisungen von den großen Meistern seiner Zeit. Sein Wurzelguru wurde der berühmte Phabongkha Rinpoche. So hatte er schon mit etwa dreißig Jahren ein ungewöhnlich breites Wissen in Sutra und Tantra, in der Poesie, der Kunst, Geschichte und Malerei, also in allem, was ein Mönch damals lernen konnte. Gonsar Rinpoche, der heute das Kloster Rabten Choeling in der Schweiz leitet und den Trijang Rinpoche kurz nach seiner Auffindung als Tulku unter seine Fittiche genommen hatte, meint gar, Trijang Rinpoche sei der größte tibetische Dichter aller Zeiten gewesen, so wundervoll und so schön sei seine Dichtkunst, dass niemand sich damit messen könne. Er hat auch die tibetische Nationalhymne getextet und war ein exzellenter Kenner der tibetischen Geschichte.

Geshe Rabten, einer der engsten Schüler von Trijang Rinpoche, schreibt in seiner Autobiographie, dass der Lama der hervorragendste Meister seiner Zeit war, nicht nur als Dharma-Lehrer, sondern für den ganzen Bereich der tibetischen Kultur. Er war, sagt er geradezu hymnisch, die Quelle auf allen Gebieten des Wissens. Er sei in wahrstem Sinne die Verkörperung eines Meisters gewesen, der die höchsten Erkenntnisse der Sutras und Tantras erlangt hatte und ein unübertrefflicher Vermittler und Linienhalter aller authentischen Übertragungen, tantrischen Einweihungen, Kommentare und mündlichen Unterweisungen war. Geshe Rabten spricht von Trijang Rinpoche als einem der gütigsten seiner Meister, der ihm, dem bitterarmen Mönch im Kloster Sera, zu essen gab, ihn kleidete und nicht zuletzt auch dafür sorgte, dass er sich Medizin kaufen konnte, als er sieben Jahre lang an Tuberkulose erkrankt war. Er lernte auch die subtilen Feinheiten der tibetischen Sprachkunst von Trijang Rinpoche. Der Lama sei eine der unvergesslichsten Gestalten in der Geschichte Tibets und des Buddhismus gewesen, schreibt er, der lebende Dorje Chang (Vajradhara).

Als Trijang Rinpoche einundvierzig Jahre alt war, wurde er vom Regenten Reting Rinpoche zum „Ersten Tsenshap“ des jungen Dalai Lama bestimmt, der damals etwa sechs Jahre alt war. Er brachte ihm Lesen und Schreiben bei und wurde 1953 der zweite Tutor – der erste war Ling Rinpoche. Die beiden Tutoren haben sich sehr gut verstanden, erzählen alle Augenzeugen übereinstimmend. Sie seien wie Brüder gewesen, wie zwei Freunde, und scherzten zusammen, wann immer sie sich sahen. Es gab nie irgendwelche Rangstreitigkeiten oder Eifersucht. Dazu hatten die beiden wohl auch zu unterschiedliche Charaktere.

In dieser für Tibet turbulenten Zeit war Trijang Rinpoche, mehr als Ling Rinpoche, einer der wichtigsten Ratgeber des Dalai Lama in politischen Fragen, denn er war durchaus an Politik interessiert und hatte immer zu den verantwortlichen Kreisen gute Beziehungen und damit auch Informationen über alles, was sich im Hintergrund abspielte. Dabei half ihm sehr, dass er, wie Tendzin Choegyal, der Bruder des Dalai Lama, bemerkte, ungemein freundlich und zuvorkommend war und unglaubliche Fähigkeiten auf allen Gebieten besaß. In gewisser Weise habe er das auch ausgenutzt. Die Angehörigen der herrschenden Klasse seien alle seine Schüler gewesen, so wie sie zur Zeit des vorigen Dalai Lama Schüler von Phabongkha waren. Das sei damals ein sehr exklusiver Klub gewesen, und Trijang Rinpoche habe zu seiner Zeit genau Phabongkhas Stellung eingenommen. Das Problem sei nur, dass jedermann glaube, große Lamas und Tulkus könnten keine Fehler machen. Späterhin begleiteten die beiden Tutoren den Dalai Lama auf seinen Reisen nach China und Indien und flohen 1959 auch zusammen.

Im Winter lebte der Rinpoche ständig im Potala, im Sommer hielt er sich in seinem eigenen Labrang in Lhasa auf, wenn er nicht im Norbulingka, der Sommerresidenz des Dalai Lama, anwesend sein musste. In seinem Labrang empfing er den ganzen Tag lang Besucher, die ihn um Rat fragten oder Belehrungen von ihm haben wollten. Er hatte viele Schüler in den großen Klöstern, aber auch viele Laien aus allen Provinzen Tibets kamen zu ihm. Trijang Rinpoche war zu allen gleich freundlich, ob sie nun arm oder reich waren. Kranke kamen zu ihm und Verzweifelte, Geschäftsleute, die etwas über den Ausgang ihrer Geschäfte wissen wollten und Beamte mit delikaten Fragen. Er machte dann Mo mit drei Würfeln aus Porzellan und war ein Meister in dieser Art der Orakelkunst. Niemals, soweit Gonsar Rinpoche sich zurückerinnern kann, benutzte er eines der Orakelbücher. Er wusste alles auswendig – und vielleicht nicht nur das. Vielleicht war sein Geist in vielen Leben so geformt worden, dass ihm eine Art Hellsichtigkeit gegeben war, meinen einige derer, die ihm nahe standen. Er sagte zwar: „Oh, ich werde jetzt Mo machen, um herauszufinden, was los ist", aber er machte eigentlich das Mo nur, um nicht zu zeigen, dass er alles bereits vorhersah. Trijang Rinpoche folgte immer dem Kadampa Stil, zeigte niemals, ob und welche tantrische Macht er besaß und stellte sich zeitlebens als einfachen Mönch dar, genauso wie sein früherer Schüler, der Dalai Lama, das tut.

Diese geistige Kraft, die ein Tantriker durch seine lebenslange meditative Praxis erwirbt, ist auch die Voraussetzung dafür, die Reinkarnation eines verstorbenen Meisters zu erkennen. So verwundert es nicht, dass Trijang Rinpoche an der Auffindung vieler der heute lebenden hervorragenden Gelug-Tulkus beteiligt war – im Gegensatz zu Ling Rinpoche, der, so sagte der Dalai Lama auf unsere Frage, zu introvertiert war, um solche Aktivitäten reizvoll zu finden. Es gibt heute einige hohe Lamas anderer Traditionen, die sich rühmen, Hunderte von Tulkus gefunden zu haben – man fragt sich allerdings, was das für einen Sinn haben soll. Es sei denn – aber das gilt nur für das heutige Tibet – um die spirituelle Tradition lebendig zu erhalten, die Schatzkammer an spirituellen Begabungen aufzufüllen.

Wenn Kranke zu Trijang Rinpoche kamen, rezitierte er gewöhnlich Mantras, schilderte uns Jamyang Tashi, der seit 1940, seit seinem sechsten Lebensjahr, im Trijang Labrang lebt. Gelegentlich sprach oder sang er Mantras auch über einem Gefäß mit Wasser, das die heilenden Vibrationen des Mantras aufnahm, damit gesegnet und den Kranken dann zum Trinken gegeben wurde. Manche Lamas spucken außerdem auch noch in das Wasser. Nebenbei bemerkt ist die richtige Aussprache eines Mantras, die richtige

Schwingung, ein schwer erlernbarer Prozess. Gelegentlich benutzte der Rinpoche auch eine Bambuspfeife, um seinen Atem über das Wasser zu blasen, ohne dabei sichtbar zu beten. Er blies in das Wasser hinein, bis es sprudelte, und die kranke Person trank das Wasser und benetzte damit kranke Körperteile – mit sehr gutem Erfolg, berichtete Jamyang Tashi. Die Heilung trat nicht sofort ein, wie bei einer westlichen Medizin, aber nach einigen Tagen begann der Segen zu wirken und die Leute wurden gesund.

Manchmal riet Trijang Rinpoche Händlern, die ihn fragten, wann sie abreisen sollten: „Reist nicht heute schon, besser ist morgen." Meistens machte er solche Vorhersagen, nachdem er das Mo geworfen hatte. So konkrete Hinweise gab er auch in politischen Fragen, empfahl dies zu tun, jenes zu lassen. Bei spirituellen Fragen gab er mit seinem Segen vielleicht auch die Ermahnung, bestimmte Pujas durchzuführen. Viele Menschen sagten später, dass der Rinpoche Probleme und Behinderungen in ihrem Leben auf eine ganz natürliche Weise beseitigt habe, einfach aufgrund seiner geistigen Kraft, ohne dass es dabei zu spektakulären Ereignissen kam. Vielen half sicher auch der Glaube, den jeder Tibeter ohnehin in einen so hochgestellten Lama hat, aber auch seine Ruhe, Offenheit und seine Geduld, allen zuzuhören. Jeder hatte, so sagt Gonsar Rinpoche begeistert, das Gefühl, dass der Rinpoche nur für ihn da war. Er hatte eine Art mütterlichen Charakter, ein großes Harmoniebedürfnis und nahm sich immer die Zeit, mit seinen Besuchern zu reden: „Was macht eure Familie, was für Probleme habt ihr zu Hause?" Wer immer auch Trijang Rinpoche begegnete, fühlte sofort eine große innere Ruhe und Gelassenheit und gab sich voller Vertrauen in seine Hand. Manche Leute kamen jeden Monat oder alle zwei Monate, auch von weither, nur um diese Kraft zu spüren, sich damit anfüllen zu lassen. „Heute gibt es solche Meister nicht mehr", meint Gonsar Rinpoche, „das macht mich richtig traurig. Aber ich hoffe, dass in dieser jungen Generation von Rinpoches und Reinkarnationen sich in Zukunft einige wieder so entwickeln werden. Es gibt heute so viele Tulkus, aber viele sind einfach nur Geschäftsleute." Eine Meinung, die wir allzuoft gehört haben. Ich bin auf dieses Problem in meinem Buch „Tulkus – das Geheimnis der lebenden Buddhas" ausführlich eingegangen.

Trijang Rinpoche war nicht nur ein guter Zuhörer, sondern hatte ein wirkliches Interesse an der Meinung anderer Menschen. Er wollte andere verstehen, um ihnen umso besser helfen zu können. Nicht pure Neugier ließ ihn an den Problemen anderer Menschen teilnehmen, sondern sein Mitgefühl mit ihnen. Der Dalai Lama bestätigte uns gegenüber, dass Trijang Rinpoche diese ganz besondere Fähigkeit hatte, mit anderen Menschen zu kommunizieren und allen gerecht zu werden, woher sie auch immer kamen und welchen Standes sie waren, ob Beamte, Studenten, Händler, Mönche oder Bauern. „Das war wirklich absolut einzigartig", sagte er, „und der Grund dafür, dass Trijang Rinpoche sowohl unter den gewöhnlichen Bürgern Lhasas als auch in der Beamtenschaft weitaus beliebter als Ling Rinpoche war."

„Ich habe zu ihm immer eine sehr herzliche Beziehung gehabt", fuhr der Dalai Lama fort, „und als Kind habe ich immer mit ihm gespielt, das heißt gescherzt, natürlich nicht so, wie wenn man mit einem Kind auf dem Boden liegt. Die Hälfte der Zeit, die wir zusammen waren, haben wir damit verbracht, Unsinn zu machen und zu reden." Der Dalai Lama lachte laut, als er sich an diese so fernen Tage erinnerte und meinte, Ling Rinpoche, der so ernste ältere Lehrer, habe das wohl sehr genau gewusst, auch wenn er es nie erwähnt habe. Das war auch später noch so, im Exil: „Mit Trijang Rinpoche konnte man auch einmal so richtig klatschen", sagte der Dalai Lama, „oder Kritik austauschen in religiösen Angelegenheiten, und ich konnte ihn immer um Rat fragen, nachdem ich die politische Verantwortung übernommen hatte. Trijang Rinpoche hatte auch eine ganz spezielle Begabung, tantrische Ermächtigungen zu geben, Initiationen und Erklärungen über die tantrische Praxis, nicht so sehr über den philosophischen Hintergrund. Aber meine hauptsächlichen Linien habe ich von Trijang Rinpoche übertragen bekommen, wie zum Beispiel das Lamrim (Stufenweg zur Erleuchtung) oder das Chakrasamvara-(Heruka) Tantra. Bei solchen spezifischen Übungen und Praktiken empfinde ich stets ein tiefes Gefühl der Nähe und der Identität mit Trijang Rinpoche." Heruka ist übrigens der Yidam (Meditationsgottheit) von Trijang Rinpoche gewesen.

Nach der Flucht brauchte der Dalai Lama keine Lehrer im eigentlichen Sinne mehr, aber die beiden Tutoren blieben seine engsten Berater; Trijang Rinpoche vielleicht auch in politischen Fragen. Er gab dem Dalai Lama viele wichtige Dharma-Übertragungen, zahllose Initiationen und besondere Unterweisungen. Er half ihm auch, Texte und Reden vorzubereiten. „Trijang Rinpoche war der bessere Redner von den beiden Tutoren", sagt Geshe Tsewang, der Studiendirektor im Norbulingka bei Dharamsala, „er konnte die Leute wirklich mitreißen und hatte auch durchaus großen Spaß an öffentlichen Auftritten mit Tausenden von Zuhörern. Weil er sich auch in politische Dinge einmischte, bekam er aber auch öfter Ärger mit den Lamas anderer Sekten."

Der Zusammenbruch seiner wohl abgeschotteten Welt in Tibet und das Hinausgeworfensein in das so andere, laute, quirlige Indien hat ihn, so meinen seine früheren Mitarbeiter, nur insofern verändert, als er nun sehr stark seine Verantwortung spürte, den Dharma zu erhalten und zu verbreiten. Er kam dieser Aufgabe mit großer Willenskraft und Hingabe nach und gab sein enormes Wissen vor allem an die drei Mönchsuniversitäten weiter, wo er nicht nur Philosophie lehrte, sondern auch Literatur, Drama und Poesie. Seine Lehrreden und Kommentare füllen acht große Sammelbände. In Dharamsala gab er Belehrungen für den Dalai Lama, für die Geshes, Rinpoches und Mönche, die damals dort lebten, und in Sarnath, Kalimpong und anderswo die großen Lamrim-Unterweisungen, um nur ein Beispiel zu erwähnen.

Trijang Rinpoche war der erste hohe Lama, der in den sechziger Jahren in das Kulu-Tal östlich von Dharamsala ging und in die abgelegenen Bergtäler von Spiti. Das waren Gegenden, in denen einst der Buddhismus geblüht hatte, die aber jeden Kontakt mit Tibet verloren hatten und spirituell verwildert waren. In den paar Gelug-Klöstern war jede mönchische Zucht verlorengegangen. Die Mönche vergnügten sich damit, sich im Tempel mit Chang, dem tibetischen Gerstenbier, zu betrinken. Trijang Rinpoche kümmerte sich um diese abgelegenen Gebiete, nachdem 1960 Dharamsala das Zentrum der tibetischen Flüchtlingsgemeinschaft geworden war, bis später Serkong Rinpoche seine Aufgabe übernahm. Er besuchte die Dörfer in den abgelegenen Bergtälern, in denen auch die Buddhisten Tiere opferten – wie das heute noch in vielen von Hindus bewohnten Dörfern üblich ist. Der Rinpoche erklärte den Leuten, die zu verschiedenen Bergstämmen gehörten, eindringlich, dass das keine buddhistische Praxis sei und trat diplomatisch in eine Art von Verhandlung mit ihren lokalen Göttern ein, um sie milde zu stimmen.

Mit Lamas anderer Schulen, wie Dudjom Rinpoche und Chogay Trizin Rinpoche, war er freundschaftlich verbunden. Zum 16. Karmapa hatte er eine so enge Beziehung, eine so innige Freundschaft, dass man meinte, die beiden entstammten dem gleichen Bewusstseinskontinuum, sie seien Tulpas. „Sie waren wie Blutsbrüder“, sagt Gonsar Rinpoche, „eine der früheren Inkarnationen der Trijangs war ja ein Karmapa gewesen. Wenn sie zusammenkamen, dann lachten sie und sprachen stundenlang zusammen. Niemand weiß, worüber sie sprachen. Einige Monate vor ihrem Tod – beide starben fast zur gleichen Zeit, mit nur fünf Tagen Abstand – hat Trijang Rinpoche, der damals schon sehr hinfällig war, noch den Karmapa in seinem Kloster Rumtek in Sikkim besucht.“ Einer seiner ältesten und engsten Freunde war Zong Rinpoche, der nicht sterben wollte und konnte, bevor nicht Trijang Rinpoches Reinkarnation gefunden worden war. Und Zong Rinpoche wollte genauso eine Stupa haben, wie er sie von nepalesischen Handwerkern für Trijang Rinpoche hatte anfertigen lassen – eine Kostbarkeit, ein wirkliches Kunstwerk.

Trijang Rinpoche war es auch, der Geshe Rabten als Tutor von Gonsar Rinpoche einsetzte, als dieser fünf Jahre alt war. Gonsar Rinpoche meint heute, dass Trijang Rinpoche den Geshe als seinen privaten Lehrer bestimmt habe, das sei ganz gewiss das größte Glück gewesen, das er in seinem Leben gehabt habe – und der Geshe bekam von da an immer ordentlich zu essen, weil der kleine Tulku weitaus begüterter war als er selbst. Ab 1969 wurde Geshe Rabten vom Dalai Lama zum Lehrer für die inzwischen ziemlich zahlreichen Westler bestimmt, die nach Dharamsala gekommen waren, um den Dharma zu studieren. 1975 wurde er auf Betreiben von Trijang Rinpoche der zweite Abt des Tibet-Institutes in Rikon in der Schweiz, des ersten tibetischen Klosters im Westen. Viele seiner westlichen Schüler aus Dharamsala, die inzwischen ordinierte Mönche geworden waren, folgten ihm dorthin. Die meisten von ihnen, wenn nicht alle, haben später, auch das sollte man erwähnen, ihre Mönchsgelübde wieder zurückgegeben, blieben aber dem Dharma verbunden. Schließlich gründete Geshe Rabten ein eigenes Kloster in Vevey am Genfer See.

Der kleine Zögling von früher ist nun der geistige und als Abt auch materielle Erbe von Geshe Rabten. Gonsar Rinpoche leitete die Suche nach seiner Wiedergeburt und nahm 1996 auch die Reinkarnation von Trijang Rinpoche in sein Kloster auf, als das Shugden-Problem für viel Verwirrung unter den Tibetern sorgte. Der junge Tulku war damals vierzehn Jahre alt und reiste, so sagt Norbu Chophel, der von seinem achten Lebensjahr an bis zu seiner Heirat mit einer sehr berühmten tibetischen Ärztin im Trijang Labrang gelebt hatte, mit Genehmigung des Dalai Lama aus. Manche sagen heute auch, er sei regelrecht entführt worden. Für ihn entsteht jetzt das Problem, dass er in der Schweiz isoliert ist und nicht die vielen Übertragungen, Initiationen und Ermächtigungen bekommt, die er benötigt, um ein herausragender Dharma-

Führer zu werden. Bleibt er noch ein, zwei Jahre in der Schweiz, so meint man in seinem Kloster Ganden, dann wird es für ihn unmöglich sein, den Abstand zu den gleichaltrigen hochrangigen Tulkus der Gelugpas je aufzuholen. Der Dalai Lama bestätigte das in gewisser Weise, als er uns nachdenklich sagte: „Die Situation des jungen Trijang Rinpoche ist sehr schwierig, das macht mir große Sorgen. Was soll man tun? Es ist sehr schwierig."

„Damals, als ich jung war", sagt Gonsar Rinpoche heute, „war Trijang Rinpoche für mich eben ein großer Meister, den ich respektierte. Aber wenn ich jetzt zurückblicke, dann kann ich kaum glauben, dass jemand wie er unter uns gelebt hat. Er war wirklich erleuchtet, eine wirklich erleuchtete Person. Eine seiner wichtigsten Begabungen war zu lehren. Wenn er sprach, dann hatte das auf jeden Zuhörer einen Effekt, der den Geist verwandelte, wirklich in den Tiefen des Geistes etwas bewegte. Es war eine Eigenschaft, die nur wenige damals hatten, auch wenn sie große Meister waren. Und dann seine Stimme, sie war so ganz außerordentlich. Niemand sonst hatte so eine Stimme. Manchmal war sie ganz tief und weich und manchmal so anrührend. Wenn er sang, wenn er Initiationen gab oder wenn er einfach nur mit einem sprach, dann berührte das etwas in unseren Herzen. Wenn er in einem überfüllten Tempel redete, dann konnte ihn jeder verstehen. Er sprach nicht besonders laut und betont, wie das die Politiker tun, es gab damals auch nur ein Mikrophon in Dharamsala, dass nur der Dalai Lama benutzen durfte, und die Akustik in den Tempeln mit ihren vielen Fenstern war miserabel, verglichen mit christlichen Kirchen. Aber trotzdem verstand man jedes Wort ganz deutlich, auch auf den hintersten Bänken, wo die einfachen Mönche saßen. Gerade sie waren in ihrer Praxis oft ganz wunderbar und hörten begeistert zu. Sein Lehrer Phabongkha hatte genau dieselbe Eigenschaft.

Die buddhistischen Texte lehren alle auf verschiedenen Ebenen. Viele Lamas kennen nur eine einzige Ebene, eben das, was man lesen kann, wenn man die Sprache gut kennt und die Begriffe. Aber die vielen anderen Bedeutungen muss man natürlich auch kennen, wenn man ein guter Lehrer sein will, das ist ja gerade der Grund, dass die wirklich großen Lamas so unglaublich viele Lehrer gehabt haben. So können sie die großen Texte nicht nur auswendig hersagen, sondern können sie auch in vielerlei Weise auslegen und kommentieren. Dazu kommt noch, dass sie das rein intellektuelle Verständnis durch ihre eigene meditative Praxis vertiefen und erweitern müssen. Man nennt das Weisheit durch Lernen, Weisheit durch Kontemplation und Weisheit durch Meditation. Das sind die drei Ebenen der Weisheit, auf denen nur die ganz großen Meister lehren können."

Gonsar Rinpoche hat viele Jahre lang zusammen mit Serkong Rinpoche gelebt und kannte ihn sehr gut. Serkong Rinpoche hat immer wieder betont, dass Trijang Rinpoche sein wichtigster Guru sei, und er empfinde sehr, sehr großen Respekt zu und Liebe für Trijang Rinpoche, der ihn auch als Tsenshap ausgesucht hatte. Er habe gesagt: „Alle respektieren Tsongkhapa so sehr, aber er war wirklich nicht größer als Trijang Rinpoche. Dieser Meister ist so unglaublich, so vollständig erleuchtet. Er ist wirklich Jhe Tsongkhapa selbst. Was immer ich ihn frage, er weiß stets die Antwort, er hat eine so wunderbare Klarheit des Geistes. Von jedem buddhistischen Text kennt er die Quelle und seine Bedeutung." Und Gonsar Rinpoche fügte hinzu: „Er kannte die Geschichte des Buddhismus genauso wie die Tibets, die Lebensgeschichten aller großen Meister – und die tantrische Meditation, höchste tantrische Meditation. Er kannte alle ihre Geheimnisse, die vielen Meistern verborgen blieb, und musste nicht erst in die Bücher schauen."

Trijang Rinpoche besuchte in den 70er Jahren auch den Westen – die USA, Europa und Australien –, allerdings nicht sehr oft und nicht sehr lange. Ihm machte die ungewohnte Umgebung nichts aus, er war es gewohnt, ständig neue Leute zu sehen. Auch der Umstand, dass Westler einfach auf ihn zukamen, ihm die Hand hinhielten und sagten „Hallo, Rinpoche", verwunderte ihn nicht besonders, sagt Norbu Chophel, der den Rinpoche begleitet hatte. Allerdings wäre er sehr irritiert gewesen, wenn Tibeter sich so verhalten hätten.

Man kann nicht von Trijang Rinpoche sprechen, ohne ein Problem zu erwähnen, das mit seinem Namen verbunden bleibt – das Shugden-Problem, das ich in meinem erwähnten Buch ausführlicher dargestellt habe. Shugden ist der Geist einer historischen Person, die zur Zeit des 5. Dalai Lama lebte. Sie hat entweder im Rahmen einer mit den Kagyüpas verbundenen Anti-Dalai Lama-Bewegung gegen diesen geputscht oder sie war, was nach Ansicht des Ngari Rinpoche wahrscheinlicher ist, ein hoher Gelug-Lama, der mit dem Dalai Lama rivalisierte. Jedenfalls wurde diese Person entweder auf Befehl der damaligen Regierung geköpft – so meint der Ngari Rinpoche – oder in den Selbstmord getrieben. Es gibt darüber mehrere Versionen. Nach seinem Tod und seiner Zähmung als Geist versprach dieses Wesen, das sich jetzt Shugden nannte, hinfort über die Reinheit der Lehren Tsongkhapas zu wachen und manifestierte sich über ein Orakel. Es spielte in den nächsten zweihundert Jahren keine besondere Rolle.

Eine besondere Verehrung genoss Shugden erst wieder zur Zeit des 13. Dalai Lama, der wie der 5. und der 14. Dalai Lama gewisse Dzogchen-Lehren der Nyingmapas auf sich hatte übertragen lassen. Der bedeutendste Lama jener Zeit war Phabongkha Rinpoche, der Lehrer praktisch aller damals lebenden Lamas. Er verband sie über ein Gelübde (Sogde), wie man es sonst nur in der tantrischen Praxis gegenüber seinem Yidam (Meditationsgottheit) ablegt, mit Shugden – was diesem als einem niedrigen Schutzgeist, dem Geist einer historischen Person, nicht zukam. Es kam deshalb damals zu einer Konfrontation zwischen dem Dalai Lama und Phabongkha, die wieder beigelegt wurde. Dessen wichtigster Schüler war Trijang Rinpoche, und über ihn und seinen Freund und Schüler Zong Rinpoche wurden praktisch alle heute lebenden älteren Lamas ebenfalls Shugden-Anhänger. Die Shugden-

Verehrung erfasste auch weite Kreise der Bevölkerung in Tibet und nach 1959 im Exil in Indien und breitete sich schließlich auch im Westen aus. Die Lamas, die in den Westen gingen und dort blieben, waren fast alle Shugden-Verehrer und, wie der Ngari Rinpoche sagt: „Im Westen waren sie ganz verrückt nach Shugden, sie wollten alle einen Beschützer haben und man machte aus seinem Kult eine Art Hexenzauber, der überhaupt nichts mit dem Buddhismus zu tun hatte. Das gilt aber auch für die Laien hier, besonders für die Händler, die als Gegenleistung für ihre Verehrung erwarteten, dass Shugden sie reich machte. Aber wenn man das Gefühl hat, einen Beschützer zu haben, dann ist das genauso, als wenn man glaubt, man brauche die Verkehrsregeln nicht mehr zu beachteten. Man bekommt mit Sicherheit Probleme."

Auch in der Familie des Dalai Lama wurde Shugden verehrt. „Niemand wisse so recht, woher das kam", meinte der Ngari Rinpoche. Auch der Dalai Lama selbst hatte lange Zeit eine Verbindung zu Shugden, sagte dann aber schon 1976 seinem Bruder, es sei zweifelhaft, ob das alles seine Richtigkeit habe und legte ihm nahe, diesen Kult aufzugeben – was er auch tat. Es sei so, wie wenn man über einen guten Freund sehr negative Dinge höre. Man meide ihn, und die Gefühle für ihn veränderten sich allmählich. So sei das gewesen.

Als wir den Dalai Lama interviewten, kam er von sich aus auf diese Problematik zu sprechen: „Bevor Trijang Rinpoche starb, war die Shugden-Verehrung schon ein Problem geworden. Ich bin sehr, sehr glücklich, dass er noch die grundsätzliche Änderung meiner Einstellung dazu erlebt hat. Ich habe ihn damals genau informiert, ich habe ihm berichtet, was meine Untersuchungen ans Licht gebracht hatten und was nun meine Einstellung sei. Und er verstand das völlig. Er hatte volles Vertrauen in das Nechung-Orakel (das eine hier nicht weiter zu erörternde Rolle in der ganzen Angelegenheit gespielt hatte), und vor allem hatte er vollkommenes Vertrauen in das Ergebnis meiner eigenen Divinationen. Er verstand meine Entscheidung, die Änderung meiner Ansichten, und er akzeptierte sie. Seine Anhänger erzählen heute eine ganz andere Geschichte. Aber ich wiederhole, glücklicherweise hatte ich bereits meine Entscheidung getroffen, bevor Trijang Rinpoche starb, sodass ich ihn informieren konnte, und er akzeptierte ausdrücklich, was ich ihm sagte. Er selbst hat seine Einstellung zu Shugden nicht geändert. Damals war meine eigene Position die, dass ich für mich persönlich die Verbindung zu Shugden nicht mehr weitergeführt habe, aber gegenüber anderen Leuten habe ich damals nie öffentlich meine Wünsche ausgedrückt, ich habe sie niemals gebeten, damit aufzuhören. Und dann später (1996) gab es einige Schwierigkeiten in einem Kloster. Sie fragten mich um Rat, und ich sagte ihnen, was sie tun sollten.“ Damals stellte der Dalai Lama alle Shugden-Verehrer vor die Wahl, sein Verbot des Shugden-Kultes zu akzeptieren, abzuschwören oder sich von ihm, dem Dalai Lama, zu trennen. Das führte zu einer tiefen Spaltung der Tibeter, die bis heute noch nicht ganz überwunden ist.

Gonsar Rinpoche gehört zu jenen Lamas, die das Verbot des Dalai Lama nicht akzeptiert haben. Er lebt nun in einer Art geistiger Verbannung und meint, es sei sehr seltsam, dass niemand zu ihm komme und ihm ins Gesicht sage, dies oder jenes sei falsch. Wenn jemand käme, dann habe er auch etwas zu sagen. Er würde sehr glücklich sein, wenn jemand käme – aber bis heute warte er vergebens. Das Problem sei entstanden, als Trijang Rinpoche noch gelebt habe, aber alle Verbote seien erst 1996 ganz offen und aggressiv aufgetreten. „Wenn ich die Aussage Seiner Heiligkeit nicht wörtlich akzeptieren kann“, sagt der Rinpoche, „dann tue ich das, weil das bedeuten würde, dass alle meine Meister ganz falsch gehandelt haben. Eine Gottheit mit einem Dämon zu verwechseln, das wäre ein grober Fehler. Es ist unvorstellbar, dass so große Meister wie Phabongkha und meine Meister Trijang Rinpoche und Geshe Rabten so dumm waren, dass sie nicht zwischen einem Objekt der Zuflucht und einem Dämon unterscheiden konnten. Nein, so ein dummer Fehler ist unmöglich. Es ist bekannt, dass der Buddha selbst gesagt hat: „Ihr müsst meine Unterweisungen prüfen und untersuchen, wie ein Goldkäufer sein Gold untersucht.“ Aber meinem Vertrauen zu Seiner Heiligkeit, der mein Meister ist, der zu mir immer besonders gütig gewesen ist, schadet das nicht. Er ist der letzte von meinen kostbaren Meistern, der noch am Leben ist, ich habe ihm viel zu verdanken. Wenn er käme und mich schimpft, dann ist das so wie Milarepa sagt – das Schimpfen von Meistern ist der höchste Segen. So sehe ich das auch!“ Tenzin Geyche Tethong, der Privatsekretär des Dalai Lama, meinte uns gegenüber, dass Trijang Rinpoche natürlich zwischen einer Gottheit und einem Dämon habe unterscheiden können. Es bleibe nur unverständlich, dass er nicht die Konsequenzen daraus gezogen habe. Aber, wie wir weiter oben Thugsey Rinpoche zitiert haben: „Wenn ein Lama wirklich gut praktiziert, dann erreicht er eine Reinheit, dass ihn nichts Negatives mehr berührt, nichts bindet ihn mehr.“ Ein anderer Kommentar steht uns nicht zu!

Gonsar Rinpoche fuhr fort: „Irgendwie ist es mein Karma, für den jetzigen Trijang Rinpoche zu sorgen, ihm zu dienen. Alles ist vorhergeplant gewesen. Es hat nichts mit mir zu tun, es wurde zwischen Trijang Rinpoche und Geshe Rabten geplant. Ich bin das Instrument geworden. In dieser wirklich schwierigen Zeit fällt es nun auf meine Schultern, dass ich beiden Inkarnationen diene. Ich habe die Briefe gelesen, die Geshe Rinpoche und Trijang Rinpoche ausgetauscht haben. Sie haben sich jeden Monat einen Brief geschrieben. Ich konnte sehr gut sehen, dass sie beide vorhergesehen haben, was jetzt geschieht. Trijang Rinpoche hatte Geshe Rabten gegen dessen Willen in den Westen geschickt, denn der Geshe wollte in der Nähe seines schon sehr alten Meisters bleiben. „Nein, nein, nein, ich werde lange leben, und du kommst eben jedes Jahr her“, schrieb ihm Trijang Rinpoche. Und später: „Was du im Westen machst, ist wirklich wunderbar für alle Lebewesen, für die Lehre des Buddha, für die Lehre des Tsongkhapa. Ich bewundere, was du tust, und ich gebe dir meine vollste Unterstützung und Zustimmung. Was du machst, tust du auch für mich, es macht mich sehr, sehr glücklich. Wir sind so eng verbunden in unseren Herzen, dass eines Tages alle deine Wünsche erfüllt werden." Und nun leben wir wie in einer Familie zusammen. Mein Yangsi Rinpoche (die Reinkarnation von Geshe Rabten, der selbst kein Tulku war) hatte von kleinauf, als er Trijang Rinpoche kennenlernte, einen ganz natürlichen Respekt und eine große Zuneigung für ihn." Wir haben das selbst beobachten können, und es war sehr anrührend zu sehen, mit welcher Anhänglichkeit und offenbaren Zuneigung die beiden Tulkus miteinander umgingen. Norbu Chophel, unser Interviewpartner, ist der Großvater des Yangsi Rinpoche.

Was Gonsar Rinpoche erzählt, ist zweifellos sehr bewegend und zeigt, in welche tiefe, ja innige Beziehung Lehrer und Schüler treten können – eine vollkommen andere Beziehung, als sie je zwischen einem tibetischen Lehrer und seinen westlichen Schülern entstehen kann. Die Beziehung zwischen Serkong Rinpoche und Alexander Berzin, wie sie im vorigen Kapitel geschildert wurde, mag dafür ein Beispiel sein.

Ein Jahr vor seinem Tod diskutierte Trijang Rinpoche mit Lati Rinpoche und Ratö Rinpoche, wie seine Verbrennung vonstatten gehen sollte, und er sagte zu Lati Rinpoche: „Komm, ich bringe dir alles bei, was du wissen musst." Er erklärte und zeigte ihm alles und sagte ihm, in welchem Buch er die Rituale nachlesen könne. Mit seinem Chandsö (Verwalter seines Labrang) Palden diskutierte er, wie der Stupa aussehen müsse, der seine Überreste aufnehmen sollte. Er sollte tragbar sein, damit man ihn eines Tages nach Tibet bringen könne – man hat ihn später tatsächlich so gebaut, dass er in seine Einzelteile zerlegt werden kann. Auf die Frage von Palden, wo er Wiedergeburt nehmen werde, antwortete der Rinpoche, er werde in einer Familie aus Zentraltibet wiedergeboren werden, so steht es auch in seinem Tagebuch. Das hieß natürlich nicht, dass seine zukünftigen Eltern dort auch wohnen mussten, denn die Tibeter organisieren sich auch im Exil nach ihren Heimatprovinzen. Trijang Rinpoche hatte schon zu seinen

Lebzeiten gegenüber den Eltern des jetzigen Rinpoche angedeutet, dass er vielleicht in deren Familie wiedergeboren werden würde – es gab da schon zu Zeiten des Vorgängers verwandtschaftliche Beziehungen.

Trijang Rinpoche war über lange Zeit sehr schwach. Er hatte keine spezifische Krankheit, es war wohl eher eine Art Altersschwäche. Er hatte viele Ärzte konsultiert und nahm sowohl westliche wie traditionelle tibetische Arzneimittel ein. Der Dalai Lama hatte ihn gedrängt, in ein Spezialkrankenhaus zu gehen, aber er fühlte sich zu einer Reise zu schwach. So blieb er bis zuletzt in seinem kleinen Labrang in Dharamsala. Als er dann im Sterben lag, benachrichtigte man den Dalai Lama und Ling Rinpoche, aber beide kamen nicht mehr rechtzeitig, weil die Straßen wegen eines Sturmes unpassierbar waren und sie zu Fuß gehen mussten.

Trijang Rinpoche verblieb drei Tage in der Todesmeditation, in der Vajra-Position sitzend. Am Abend des dritten Tages traten ein roter und ein weißer Tropfen aus seiner Nase, das war das Zeichen, dass sein Bewusstseinskontinuum endgültig den Körper verlassen hatte. Wir fragten Jamyang Tashi, der uns dies berichtete, ob er das schon einmal bei jemand anderem gesehen hatte: „Ja", meinte er, „bei einem Neffen des Rinpoche. Die Tropfen fließen eigentlich eher aus der Nase, sie sind auch nicht richtig rot oder weiß; einer ist mehr wässrig-rötlich, der andere wässrig-hell. Man darf den Körper nach dem Tod nicht berühren, ehe nicht die Tropfen erschienen sind."

Als dann der Leichnam von Trijang Rinpoche im TCV (Tibetan Childrens Village) in Dharamsala verbrannt wurde, sahen einige Leute in dem Rauch, der aus dem Verbrennungsofen kam, Trijang Rinpoche in normaler Mönchsrobe mit einem gelben Hut, wie ihn die Mönche bei bestimmten Pujas tragen, inmitten einer farbigen Rauchwolke zum Himmel aufsteigen. Das haben einige Augenzeugen Jamyang Tashi erzählt. Er meinte, ob man so etwas sehen könne, hänge davon ab, wie tief der Glaube einer beobachtenden Person sei. Die Leute, die an der Verbrennung teilnahmen, waren alles geladene Mönche und besaßen einen großen Glauben an und ein tiefes Vertrauen in den Rinpoche. Als man den Ofen aufmachte, sagte er weiter, fand man in den Wasserschalen, die rings um den Ofen aufgestellt waren, Ringsel, nicht jedoch in der Asche. Man nahm an, sie seien wie Popcorn aus der Asche hochgesprungen, als man den Ofen aufmachte, oder mit dem Rauch aus den Luftschlitzen des Ofens herausgekommen. Aber als man die winzigen Kügelchen einsammeln wollte, verschwanden sie. Der Chandsö Palden trug jedoch später immer einen Zahn von Trijang Rinpoche als Amulett mit sich herum, und dieser Zahn bildete laufend Ringsel, erzählte uns Norbu Chophel.

Interessanter als die Frage, ob es Ringsel gab oder nicht, ist ein anderer Bericht von Norbu Chophel: „Nach zwei Wochen sammelten wir die Asche zusammen und fanden darin einen großen Klumpen, der sehr fest war. „Wir legen ihn erst einmal beiseite", sagte Lati Rinpoche, der auch dabei war. „Wir reinigten den Klumpen, indem wir Wasser darüber kippten, und nahmen ihn mit in den Labrang. Dort machten wir eine große Zeremonie, und abends, gegen neun Uhr, bedeckte der Rinpoche seinen Mund mit einem Stück Stoff, nahm eine Schüssel mit Wasser und holte den Klumpen. Wir waren zu viert im Zimmer, Tharchin-la, der jetzige Chandsö, war auch dabei. Dann löste Rinpoche ganz vorsichtig Schicht um Schicht von dem feuchten, lehmigen Klumpen – und plötzlich kam der Oberkörper von Trijang Rinpoche zum Vorschein, in der Tara-Position sitzend. Dies symbolisiert, immer bereit zu sein, um anderen zu helfen. Als wir alles gereinigt hatten, war der ganze Körper von Trijang Rinpoche da, geschrumpft auf die Größe eines kleinen Babys, wie eine Lehmstatue, nicht wie ein Körper mit Haut. Nur links am Hinterkopf war ein kleiner Schaden, so etwa wie eine kleine Delle. Wir haben damals völlig vergessen, den kleinen Körper zu fotografieren und auszumessen. Der

Rinpoche war so groß gewesen im Leben und jetzt war er so klein – das war alles völlig unglaublich. Er ist dann in einem großen Stupa in Ganden beigesetzt worden."

Die Suchkommission zur Auffindung der Reinkarnation wurde wie üblich vom Chandsö des Labrang zusammen mit Lati Rinpoche geleitet. Man dehnte die Suche auf ganz Indien, Ladakh, Nepal und Bhutan, praktisch auf alle tibetischen Siedlungen aus, und am Ende gab es fünfhundertvierzig Kandidaten, die alle irgendwelche Zeichen hatten, die auf eine Reinkarnation hinweisen konnten. Daraus wurde eine Gruppe mit ganz besonderen Zeichen herausgenommen und durch Divinationen und das Werfen von Kugeln durch den Dalai Lama eine weitere Auswahl getroffen, bis am Schluss nur noch drei Kandidaten übrig blieben. Es war sogar eine Kommission zu dem heiligen Orakelsee Lhamo Latso, etwa einhundertfünfzig Kilometer südöstlich von Lhasa, geschickt worden. Heimlich, wie man annehmen kann. Einer der Kandidaten war aus Ladakh, einer aus Delhi und einer aus Dalhousie, dessen Eltern aus Zentraltibet stammen. Der Dalai Lama traf dann die endgültige Entscheidung. Der kleine Junge aus Dalhousie war die Reinkarnation von Trijang Rinpoche. Er ist 1982 geboren worden.

Man hatte erst Zweifel, ob es die richtige Inkarnation sei. Kungo Palden und Jamyang Tashi gingen dann nach Dalhousie, um sich das Kind anzusehen. Unter Tränen, die bis zum Ende des Interviews nicht mehr aufhörten, erzählte Jamyang Tashi von dieser Begegnung: „Rinpoche konnte noch nicht richtig sprechen, er war so klein, eben drei Jahre alt, aber als er uns sah, umarmte er uns und war so glücklich, uns zu sehen, und als wir dann gingen, wollte er unbedingt mit uns gehen. Auch heute noch habe ich das gleiche Gefühl, dass der jetzige Rinpoche absolut dieselbe Person wie der vorherige ist. Wenn er Gebete spricht, Initiationen macht und singt, dann klingt das ganz genauso wie früher bei Trijang Rinpoche. Und ich bin immer noch in diesem Labrang und versuche, Trijang Rinpoche die Liebe, die er mir von kleinauf gegeben hat, zurückzugeben."

Quellennachweise:

Asshauer, Egbert: Tulkus – Das Geheimnis der lebenden Buddhas. Gespräche, Begegnungen, Hintergründe. Herder Spektrum, Freiburg-Basel-Wien 2000

Interview mit S. H. dem Dalai Lama in Dharamsala, am 4.10.2001

Interviews mit Kyabje Trijang Rinpoche im Kloster Tashi Rabten in Feldkirch/ Österreich, am 5.7.2000 und im Kloster Rabten Choeling in Vevey/Schweiz, am 8.4.2001

Interview mit Tendzin Choegyal, dem Ngari Rinpoche, in Dharamsala, am 2.10. 2001

Interview mit Gonsar Rinpoche im Kloster Rabten Choeling in Vevey/ Schweiz, am 4.11.2000

Interview mit Norbu Chophel in Dharamsala, am 2.10.2001

Interview mit Jamyang Tashi im Kloster Rabten Choeling in Vevey/Schweiz, am 8.4.2001

Interview mit Lobsang Tharchin, dem Chandsö des Trijang Labrang, im Kloster Rabten Choeling in Vevey/Schweiz, am 9.4. 2001

Interview mit mit Geshey Tsewang, am 29. 9. und am 3.10.2001 in Dharamsala (Norbulingka Institut), Indien

Geshe Rabten: Mönch aus Tibet. Autobiographie eines tibetischen Meditationsmeisters. Edition Rabten, Les Tassonneyres, Le Mont-Pelerin 2000

VIII. Kyabje Yongdzin Ling Rinpoche (1903-1983)

Trotz vieler Informationen, die wir über Ling Rinpoche hatten, blieb das Bild dieses eher introvertierten Lamas für uns unkonturiert, bis uns ein langes Gespräch mit dem Dalai Lama aus der Not half. Im Laufe der vielen Jahrzehnte, die der Dalai Lama und Ling Rinpoche in engstem Kontakt miteinander lebten, hatte sich eine tiefe Zuneigung auf beiden Seiten entwickelt, die weit über die Achtung und den Respekt hinausging, die eine Lehrer-Schüler Beziehung prägt. Der Dalai Lama hat das so nicht formuliert, aber ich stehe nicht an zu sagen, dass Ling Rinpoche vielleicht die wichtigste Person für den Dalai Lama in seinem wechselvollen und von Schwierigkeiten erfüllten Leben gewesen ist. Eine Verbindung, die sich schon in früheren Leben aufgebaut und bewährt hatte. Der Dalai Lama hat so warmherzig, so bewegt und so liebevoll über seinen Lehrer gesprochen, dass eigentlich kein anderer Schluss möglich ist.

Thupten Lungtog Namgyal Trinley wurde 1903 in Yabphu, einem Wallfahrtsort in der Nähe von Lhasa, geboren. Die Tibeter haben ihn sehr verehrt, obgleich er extrem zurückhaltend war, selten öffentlich auftrat und kaum reiste. Sein Vorgänger, Losang Lungtog Tenzin Trinley, war Tutor des 13. Dalai Lama und dessen vorhergehende Inkarnation, Nganwang Lungtog Yonten Gyatso, war sowohl Tutor des 11. Dalai Lama als auch der 75. Thronhalter der Gelug-Tradition gewesen. Die beiden Staatsorakel hatten genau angegeben, wo man die Reinkarnation des Ersteren finden werde. Es wurde eine Liste von Kindern aufgestellt, die ihrer Umgebung als ganz besondere Kinder aufgefallen waren, aus denen dann drei in die engere Wahl gezogen wurden. Das Gadong-Orakel entschied dann: „Geht und fragt meinen Lehrer, Seine Heiligkeit den Dalai Lama, der jetzt entweder in China oder in der Mongolei ist." So machte sich der Chandsö des Ling Labrang, der die Suchkommission leitete, also auf eine lange Reise und traf den Dalai Lama in der Mongolei im Kloster Tashi Lhunpo des mongolischen Lamas Khadro Chingwang Khural. In dessen Nähe lebte er zu diesem Zeitpunkt unter dem Schutz der mongolischen Königsfamilie im Exil. Der Dalai Lama bestätigte das Kind aus Yabphu als die gesuchte Inkarnation und empfahl, es sofort zu inthronisieren. Und so geschah es.

Ling Rinpoche kam aus einer sehr armen Familie. Dafür war sein spiritueller Stammbaum umso beeindruckender. Er war der Sechste in einer Linie von Ling Rinpoches, die sich darüber hinaus bis auf die Zeiten Buddhas zurückführte. Die Linie gilt als menschliche Manifestation der Gottheit Yamantaka (Vajrabhairava). Zur weiteren Linie der Ling Rinpoches gehörte der Übersetzer und große Meditationsmeister Ra Lotsawa. Man glaubt, dass dieser eine Emanation von Manjushri in dessen zornvoller Form als Yamantaka war und so die Buddhaschaft erlangt hat. Ling war eine Reinkarnation von Ra Lotsawa und wurde als Buddha geboren, so heißt es, genauso wie alle anderen Reinkarnationen dieser Linie.

Ling Rinpoche war sieben Jahre alt – nach tibetischer Zählweise – und hatte bis dahin bei seinen Eltern gelebt, als er dem Dalai Lama zum ersten Mal begegnete, der gerade aus dem Exil in der Mongolei und China (1903-1910) zurückgekehrt war. Der Anlass für seine Flucht war 1903 eine militärische Intervention der Briten in Tibet gewesen. In den folgenden zwei Jahren lebte der kleine Tulku in seinem Labrang in Lhasa und in dem privaten Klausur-Zentrum Garpa Ritroe, das zu seiner Linie gehörte. Er lernte Lesen, Schreiben, Auswendiglernen und anderes. 1912 wurde er in das Kloster Drepung Loseling gebracht und erhielt schon von seinem 13. Lebensjahr an, zusätzlich zu seinem normalen Studium, vom Dalai Lama, von Phabongkha Rinpoche und anderen hohen Lamas wichtige Übertragungen und tantrische Initiationen. Beide Lamas betrachtete er als seine Wurzelgurus. Als Tsogchen-Tulku wurde er schon mit zweiundzwanzig Jahren (1924) vorzeitig zum Examen als Geshe Lharampa zugelassen – normalerweise dauerte das Studium zwanzig bis dreißig Jahre! Anschließend studierte er weiter im tantrischen Kloster Gyütö in der Nähe von Lhasa. Nur ein Jahr später – anstatt nach den üblichen drei Jahren – bestand er das tantrische Examen mit der besten Note und wurde im folgenden Jahr (1926) zum Disziplinarmeister von Gyütö berufen. Ling Rinpoche hat seine Studien in Drepung und Gyüto in seiner Autobiographie in allen Einzelheiten geschildert.

Danach nahm er seine Studien wieder auf und bekam von dreißig der besten Gelehrten und Meditationsmeister, unter ihnen wieder Phabongkha Rinpoche, weitere Unterweisungen im Sutra und vor allem im Tantra und studierte nebenher Grammatik, Poesie und Astrologie. Nach dem Tod des Dalai Lama wurde er mit der Aufgabe betraut, zusammen mit Phabongkha Rinpoche den goldenen Stupa, der den einbalsamierten Körper des Verstorbenen (Kudung) aufnehmen sollte, zu bauen. Das dauerte immerhin zwei Jahre.

1936 berief ihn der Regent Reting Rinpoche zum Abt von Gyütö und 1940, nachdem der neue Dalai Lama in den Potala eingezogen war, zu dessen Tsenshap (Debattierpartner). Er hatte einen besonderen Sitz unter den sieben Tsenshaps, schreibt er in seiner Autobiographie. Der Regent selbst war damals der erste Tutor und der zweite Taktra Rinpoche, der hauptsächlich für die Erziehung des Dalai Lama verantwortlich war, weil Reting Rinpoche genug mit seinen politischen Geschäften zu tun hatte. Sie liefen nicht gut für ihn. Er musste 1940 zurücktreten, wurde verhaftet und im Gefängnis wahrscheinlich ermordet. Taktra Rinpoche wurde jetzt Regent und erster Tutor, und Ling Rinpoche, der immer noch Abt des tantrischen Klosters Gyütö war, rückte 1941 zum zweiten Tutor und zum eigentlichen Erzieher des damals sechsjährigen Dalai Lama auf. Dieser lernte nun tibetische Druckschrift, Schreiben und Lesen, zwei Jahre später kamen Grammatik, Buchstabieren und tibetische Schreibschrift hinzu, aber dafür hatte er andere Lehrer, vor allem Trijang Rinpoche. Außerdem memorierte der Dalai Lama religiöse Texte und begann mit zwölf Jahren die Grundlagen der Logik zu studieren und zu debattieren.

Als der Dalai Lama 1953 wegen der problematischen politischen Situation vorzeitig für mündig erklärt wurde, trat Taktra Rinpoche als Regent und Tutor zurück und starb ein Jahr später. Als wir mit dem Dalai Lama darüber sprachen, dass so viele Schüler der Tulkus, über die wir schreiben, von deren Erleuchtung überzeugt waren, meinte er: „Nun, man kann niemals sagen, wie weit jemand in seiner Praxis gekommen ist." Er fuhr dann fort: „Taktra Rinpoche hat mir einmal eines Tages so ganz nebenbei gesagt, als wir über die Realisation der Leerheit sprachen: „Oh, ich habe diese Realisation." Das sagte er so, als sei es nichts Besonderes. Später, als er verbrannt worden war, war deutlich der Buchstabe A auf einem Stück seines Schädelknochens sichtbar – OM AH HUM. Ich habe das selbst gesehen. Es ist das Symbol für Shunyata, die Leerheit."

Erster Tutor wurde nun Ling Rinpoche, der fortan immer in engster räumlicher Nähe zum Dalai Lama lebte. Der Dalai Lama ganz oben im Potala, in einer Art Penthouse, und Ling Rinpoche einen Stock tiefer.

Ihre Beziehung war lange Zeit von großem gegenseitigem Respekt geprägt, aber der Dalai Lama erinnerte sich, dass seine Kontakte zu Ling Rinpoche in Tibet anfangs weniger herzlich waren als die zu Trijang Rinpoche. Dieser sei sein Debattenpartner gewesen, bevor er Tutor wurde, sodass sie eine engere Beziehung zueinander hatten. Dazu kam die offene Art von Trijang Rinpoche, der mit ihm unkompliziert scherzte – während Ling Rinpoche sehr, sehr selten auch nur gelächelt habe. Das sei einfach seine

Natur gewesen. „Ich habe ihn damals immer gefürchtet, ich hatte immer Angst vor ihm. Bei einigen Gelegenheiten hat er mich auch richtig ausgeschimpft“, erinnerte sich der Dalai Lama lächelnd.

Ab 1953 gab Ling Rinpoche dem Dalai Lama Belehrungen über die „Fünf Größeren Texte“ – die philosophischen Texte und Kommentare – und tantrische Initiationen, insbesondere 1953 die Initiation in das Kalachakra-Tantra. Die Dalai Lamas haben zu diesem sehr komplizierten Tantra immer eine besonders enge Beziehung gehabt. Im folgenden Jahr gab Ling Rinpoche seinem hohen Schüler in einer feierlichen Zeremonie im Jhokang in Lhasa die volle Mönchsordination.

Im gleichen Jahr reiste der Dalai Lama mit einer Begleitung von 500 Personen, zu der natürlich auch die Tutoren gehörten, nach China, um die Beziehungen zwischen den beiden Ländern zu regeln. Die Reise dauerte ein Jahr, und es gab viele Treffen mit wichtigen Persönlichkeiten, viele Parties und viel Herumreisen – eine aufregende Zeit für alle, die dabei waren. T.T.Lingtsan, der jetzige Chandsö des Ling Labrang, war als junger Mann mit dabei und erzählte uns, dass die Chinesen damals Ling Rinpoche als Oberhaupt der Buddhistischen Vereinigung von Tibet einsetzen wollten. Er sei damals – nach dem Dalai Lama und dem Panchen Lama – der ranghöchste und geachtetste tibetische Lama gewesen. Aber der Rinpoche weigerte sich, er sei niemals an Politik interessiert gewesen. Die Chinesen sollen ziemlich verärgert gewesen sein, und den Posten bekam dann Trijang Rinpoche für kurze Zeit. Auf der Rückreise von China besuchte die Delegation den Geburtsort Tsongkhapas in Kumbum und anschließend viele Klöster in Osttibet. Wenige Monate später marschierten dort die Rotchinesen ein.

1956 begleitete Ling Rinpoche den Dalai Lama nach Indien, wo sie viele berühmte Pilgerstätten aufsuchten, aber auch viele wichtige politische Gespräche führten. Der Druck, unter dem Ling Rinpoche stand, die Verantwortung, die er für den Dalai Lama fühlte, zeigten sich auf körperlicher Ebene offensichtlich in Form von Herzproblemen. Er suchte deshalb in Kalkutta einen damals sehr bekannten deutschen Arzt auf, Dr. Hunter, der ihm auch helfen konnte. Sehr viel später, 1964, wurde bei Ling Rinpoche eine Herzbeutelentzündung diagnostiziert. Er konsultierte deshalb Ärzte auch in der Schweiz und Paris, nahm dann ein Jahr lang tibetische Kräuterpillen ein und genas allmählich wieder.

Das kollektive schlechte Karma des tibetischen Volkes war 1959 reif, wie sich Ling Rinpoche selbst ausgedrückt hat, und das politische und religiöse System Tibets kollabierte unter Druck der chinesischen Volksarmee. Die Tutoren gingen mit dem Dalai Lama zusammen auf die Flucht. Der Dalai Lama hatte noch kurz zuvor sein Examen als Geshe Lharampa gemacht. Damit war die Aufgabe von Ling Rinpoche als Tutor im Grunde beendet, aber seine enge Beziehung zum Dalai Lama blieb natürlich auch in den folgenden Jahren bestehen und vertiefte sich mit der Zeit immer mehr. Die Scheu von früher machte, wie der Dalai Lama erzählt, einem tiefen Gefühl der Nähe Platz: „Ling Rinpoche lächelte mich nun immer an, wenn wir uns trafen, wirklich immer. Er war so weichherzig. Wenn wir von armen Leuten sprachen, von einer Tragödie irgendwo auf der Welt, dann fing er an zu weinen." Ling Rinpoche hing, wie seine früheren Mitarbeiter heute sagen, unglaublich am Dalai Lama und hatte von Anfang an ein großes Vertrauen in ihn, dass er nicht nur nominell der spirituelle Führer der Tibeter werden würde.

Ling Rinpoche blieb nach der gemeinsamen Flucht mit dem Dalai Lama etwa ein Jahr in Mussourie und gab Belehrungen im Lager Buxa und in Dalhousie, wo damals ebenfalls viele Mönche lebten. 1960 siedelte der Dalai Lama nach Dharamsala über, und Ling Rinpoche bezog das Chopra-Haus, das ihm ein indischer Privatmann zur Verfügung gestellt hatte. Zwischenzeitlich war der 96. Ganden Tripa in Lhasa gestorben, und der Dalai Lama bestimmte 1965 Ling Rinpoche, der bereits seit 1949 als Sharpa

Chöje das zweithöchste Amt innerhalb der Gelug-Tradition innegehabt hatte, zu seinem Nachfolger. Er wurde im Kloster Ganden Phelgye Ling in Bodhgaya feierlich inthronisiert und zugleich als dessen Abt installiert. Die Ganden Tripas stehen in der Nachfolge von Tsongkhapa, dem Gründer der Gelug-Tradition, und wachen darüber, dass die Reinheit seiner Lehren erhalten bleibt. Sie haben eine große Verantwortung, aber nur wenig Macht und wechseln normalerweise alle sieben Jahre. Aber Ling Rinpoches Rücktritt wurde seinerzeit vom Dalai Lama nicht angenommen, und er behielt sein Amt, gegen alle Konvention, neunzehn Jahre lang – ein absoluter Rekord in der langen Geschichte der Thronhalter der Gelugpas. Von 1972 an besuchte Ling Rinpoche dann jährlich die Großklöster in Südindien, in Wahrnehmung seiner Pflichten als Ganden Tripa.

Die trockene Aufzählung von Daten, wie sie Ling Rinpoche in seiner 1973 geschriebenen Autobiographie gegeben hat, verschleiert eher, als deutlich zu machen, dass dahinter eine unglaubliche Lebensleistung steht, die Ling Rinpoche zu dem bedeutendsten Mann in der religiösen Hierarchie gemacht hat. Zwar hatten schon zwei der vorhergehenden Inkarnationen das Amt eines Tutors innegehabt, aber Ling Rinpoche hatte in seiner Lebenszeit völlig andere Aufgaben und Schwierigkeiten zu bewältigen, nachdem dem Tibetischen Buddhismus durch die Ereignisse von 1959 praktisch die Lebensgrundlage entzogen worden war. Niemand konnte damals ahnen, dass dank des Charismas des Dalai Lama und der vorbildlichen Hingabe von Lamas wie Ling Rinpoche nicht nur der Glaube und die Kultur Tibets im Exil wieder aufblühen, sondern sich über die ganze Welt ausbreiten würden. Es muss im Falle Tibets doch auch sehr viel gutes Karma mit im Spiel gewesen sein.

1968 reisten die beiden Tutoren zusammen in die Schweiz, zur Einweihung des tibetischen Klosters in Rikon, und trafen auch mit den vielen tibetischen Flüchtlingen zusammen, welche die Schweiz aufgenommen hatte. Ling Rinpoche besuchte anschließend Deutschland, Italien, England und Frankreich und reiste 1972 nochmals nach Europa und 1980 nach Nordamerika. Es war kein Kulturschock für ihn, als er zum ersten Male nach Europa kam, denn, sagt T.T.Lingtsan, es gab ja damals in Dharamsala viele Europäer und Amerikaner, Buddhisten wie Touristen. Die Mädchen mit den kurzen Röcken und all das kannte er schon. Der Rinpoche las schon in Tibet das „Life"-Magazin und bekam vom britischen Vertreter in Lhasa auch Literatur und Schwarz-Weiß-Filme über Europa. Er war also trotz seiner Stellung und seiner ungemein traditionellen Erziehung durchaus aufgeschlossen und auch neugierig, ganz im Gegensatz zur Mehrheit der tibetischen Offiziellen in Tibet. Aber in Dharamsala hatte er nicht viel Kontakt mit diesen westlichen Buddhisten. Sie kamen, um ihn zu sehen, aber er sagte nicht viel, und so gingen sie davon und kamen nie wieder. Das sprach sich natürlich herum.

Nach seiner Rückkehr gab er immer wieder Unterweisungen für größere Gruppen von Mönchen und Laien in Bodhgaya und Südindien.

Diese großen Lamas, so meint T.T.Lingtsan, haben eine besondere Art zu lehren, einen besonderen Stil, eine andere Sprache, welche die Laien der älteren Generation sehr wohl verstehen, auch wenn sie vielleicht bestimmte religiöse Wendungen und Begriffe nicht kennen. Wenn Seine Heiligkeit Belehrungen gebe, dann verstehe das jeder. Er drücke sich sehr klar aus, auch ein Kind könne das begreifen. Und wenn es jemand nicht versteht, dann empfindet er es doch als einen besonderen Segen, dabei zu sein. Die jungen Leute seien allerdings heute an religiösen Belehrungen kaum noch interessiert – eine Meinung, die wir in den letzten Jahren oft gehört haben.

Ling Rinpoche war nicht sehr diplomatisch und taugte schon deshalb nicht zum politischen Berater des Dalai Lama. Er war offen und frei heraus, sehr direkt und kurz angebunden. Frage, Antwort – und Schluss. So schildern es übereinstimmend Jampa

Rinpoche, der seit seinem 18. Lebensjahr, und T.T. Lingtsan, der seit seinem 14. Lebensjahr zum Haushalt des Rinpoche gehörte. Mit seiner Umgebung ging der Rinpoche sehr streng um, alle hatten sehr großen Respekt vor ihm und Angst, etwas falsch zu machen. Er legte größten Wert auf Sauberkeit um sich herum – keine dreckigen Roben und kein Staub. Er mochte es auch nicht, wenn die jüngeren Mitarbeiter etwas Modisches an sich hatten, eine besondere Uhr oder so etwas. Der Rinpoche sagte dann nichts, aber man konnte es schon merken. Er hatte auch keine Hobbies, wie Lesen oder Gärtnern, diese Lamas haben so etwas nicht gekannt. Das Leben war einfach, es gab keine Süßigkeiten, nichts Besonderes zu essen und nachmittags eine Tasse Tee. Die sehr strikte Zeiteinteilung des Lamas musste streng eingehalten werden, keine Sekunde am Tag wurde verschwendet. Wenn er meditierte, durfte ihn niemand stören, und Besucher waren nur zwischen 16.00 und 17.00 Uhr nachmittags zugelassen. Aber dann konnte der Rinpoche völlig stumm dasitzen, wenn man ihn nicht etwas fragte. Andere Menschen interessierten ihn nicht, ganz im Gegensatz zu Trijang Rinpoche. Wenn ihn jemand etwas fragte, was er nicht beantworten wollte, dann sagte er einfach: „ I don´t know.“ („Ich weiß es nicht.“) Ging es allerdings um religiöse Fragen und er gab eine Antwort, dann war es immer eine, die keinen Zweifel mehr ließ. Wenn Politiker um Rat fragten, dann weigerte er sich und sagte: „Ich weiß es nicht.“ Er war aber immer sehr gelassen und ruhig und redete nie über andere Leute, ob sie nun nach seiner Meinung gut oder böse waren. Er zeigte nie, dass er ein hochgelehrter, belesener Mann war und kehrte niemals den hohen Lama heraus.

„Ähnlich wie mit Ling Rinpoche damals, ist es heute mit dem jungen Rinpoche“, beklagt sich sein Chandsö. „Er studiert quasi ununterbrochen, keine Entspannung von 6.00 bis 23.00 Uhr. Nur Montags hat er einen Ruhetag. Wir machen uns Sorgen um ihn. Ich habe einen Doktor gefragt. Der sagte: „Das ist vielleicht ein hoher Lama, aber er hat immerhin einen menschlichen Körper. So wie er lebt, ist das sehr gefährlich, er ist zu angespannt, alle seine Muskeln sind verkrampft – und er ist zu dick." Das war vor einigen Jahren. Ich habe dann mit einem seiner Lehrer gesprochen, aber der sagte: „In Tibet war es genauso. Wir haben Tag und Nacht studiert, und das hat niemandem von uns geschadet." Ich sagte: „Nein, das ist falsch. Man kann nicht nur zwischen Himmel und Erde mit seinem Lehrer leben, und außer ein bisschen Tsampa und Tee gibt es nichts. Ich sagte ihm, die Umgebung ist heute völlig anders. Diese jungen Lamas fahren im Auto, reisen, sehen fern, trinken Coca Cola, essen Schokolade. Das hat den Lehrer aber überhaupt nicht beeindruckt." Offenbar gibt es in den Klöstern erhebliche Widerstände gegen eine vernünftigere Regelung der Lebensweise der jungen, völlig isolierten hochrangigen Tulkus, besonders bei den Gelugpas. Sie hocken den ganzen Tag in ihrem Zimmer, werden zu dick, und die Tutoren sehen nicht ein, dass man ihre Ernährung ändern und ihnen vor allem Bewegung verschaffen muss – das ist die Klage aller Chandsös, mit denen wir darüber gesprochen haben.

Geshe Tsewang meinte, das Wissen der beiden Tutoren sei völlig gleich gewesen, es habe weder einen Unterschied im Sutra noch im Tantra gegeben. Sie seien jedoch in ihrem Verhältnis zu anderen Menschen sehr verschieden gewesen. Im Gegensatz zu Trijang Rinpoche habe sich Ling Rinpoche um Politik nicht gekümmert. Der Dalai Lama sagt zwar, dass neben den beiden Premierministern, die er später auf Druck der Chinesen entlassen musste, die Tutoren seine wichtigsten Ratgeber in allen Bereichen waren, das heißt aber nicht, dass Ling Rinpoche auch sein politischer Ratgeber war. Er wusste sehr genau, dass Leute in seiner Position andere Menschen auch unwillentlich sehr wohl beeinflussen können, meinte der Geshe, und hielt sich dementsprechend sehr zurück. Er redete nicht viel mit anderen und war deshalb auch gefürchtet. Die Menschen wagten nicht, ihn anzusprechen, auch Offizielle nicht. Wenn jemand zu ihm kam, sagte uns auch der Dalai Lama, dann fragte er: „Was genau wollen Sie wissen?", und beantwortete dann die Frage korrekt, aber darüber hinaus sagte er kein Wort.

Das schadete zwar seiner Popularität, auch in Regierungskreisen, aber es kümmerte ihn wenig.

Wir fragten den Dalai Lama, was der Unterschied zwischen seinen Tutoren gewesen sei, und er antwortete: „Beide waren sehr gutherzig und in höchstem Grade altruistisch, und die spirituelle Praxis beider war natürlich sehr hoch entwickelt, beide waren sehr gute (tantrische) Praktiker. Trijang Rinpoche hatte gute Kenntnisse auch in der Poesie, in Komposition, im Schreiben, er war darin ein wirklicher Gelehrter. Was die philosophischen Texte angeht, so war das Wissen von Ling Rinpoche tiefer und ausgedehnter. Einmal, als der Rinpoche schon etwa siebzig Jahre alt war, bekam ich Belehrungen und hatte dazu einen Abt des Namgyal-Klosters eingeladen. Der war ein großer Gelehrter und nicht nur das, er war auch ein großer Debattierer. Ling Rinpoche fragte ihn etwas, und dieser Abt fing plötzlich eine Debatte mit ihm an. Ling Rinpoche ging völlig unerwartet darauf ein, als sei er noch mitten drin in seinem Studium, als würde er immer noch alles studieren. Es war schon sehr beeindruckend.

Er hatte aber nicht viel Interesse auf anderen Gebieten, obwohl er gute Gedichte schreiben konnte. Ihn interessierten nur die großen philosophischen Texte. Trijang Rinpoche sagte mir von Anfang an, wenn ich eine Hausaufgabe über eine Belehrung zu machen hatte und wir zu einer sehr komplizierten philosophischen Frage kamen: „Da fragen Sie besser Ling Rinpoche", und übergab ihm sozusagen die Verantwortung.

Seine Auslegungen des Sutrayana und des Tantrayana waren sehr tiefgründig, er kannte viele bedeutende tantrische Texte auswendig, er war ja Abt des tantrischen Klosters gewesen. Einer der früheren Tsenshaps, ein mongolischer Gelehrter, sagte gewöhnlich, dass Ling Rinpoche der Beste sei, wenn ich ein tiefes Verständnis der philosophischen Aspekte von Sutra und Tantra erhalten wolle. Trijang Rinpoche sei dagegen absolut unvergleichlich, wenn es um das Verständnis gewisser essentieller Instruktionen und bestimmter tantrischer ritueller Praktiken gehe, und er ermahnte mich, diese beiden Qualitäten in mich aufzunehmen. Dieser Mongole war wirklich ein großer Gelehrter unter den Tsenshaps. Sein Verständnis der Schriften war sogar noch tiefer als das von Ling Rinpoche, der immer sehr zufrieden war, wenn ich mit ihm gearbeitet hatte und dann Ling meine Aufgaben zeigte. Er blieb in Tibet zurück, und ich habe das immer als einen großen Verlust empfunden. An dem Abend, an dem wir beschlossen, den Norbulingka zu verlassen, habe ich ihm eine Botschaft geschickt, dass ich weggehe. Er solle Lhasa sofort verlassen und nach Ganden gehen, von dort hätte er eine bessere Chance zu fliehen. Aber irgendwie folgte er meinem Rat nicht, und dann war es zu spät." Der Name des mongolischen Tsenshap war Geshe Ngödup Tsonyi.

„Generell gesprochen, wenn ich Lamrim praktiziere oder über Emotion meditiere oder über einen Text, der den Geist trainiert, dann fühle ich mich näher zu Trijang Rinpoche, weil meine Art Hauptlinie von ihm kommt. In Bezug auf diese spezifischen Praktiken habe ich ein Gefühl der Identität, der Nähe zu Trijang Rinpoche. Von Ling Rinpoche habe ich das Bikshu-Gelöbnis bekommen, die volle Ordination zum Mönch. Für mein Verständnis ist das Bikshu-Gelöbnis etwas sehr Wertvolles. Ich sage den Leuten immer, dass ich mich in Tibet in meinen Träumen immer als Mönch gefühlt habe, nie als Dalai Lama. Dieses Gefühl, ein Mönch zu sein, ist eines der kostbarsten Gefühle. Obwohl ich viele Belehrungen von den beiden Tutoren und auch von Taktra Rinpoche bekommen habe – er hat mir viele, viele Initiationen und auch Belehrungen gegeben –, dieses Mönchgelübde habe ich von Ling Rinpoche bekommen. Und dann noch etwas. Gedichte und so etwas habe ich natürlich auch gelernt, aber es hat mich nicht so sehr interessiert. Meine wirkliche Liebe gehörte dem Studium der philosophischen Texte. Alle größeren, besonders schwierigen Texte habe ich von Ling Rinpoche bekommen, deshalb betrachte ich ihn als meinen Hauptguru, meinen Wurzelguru. So ist es." Und es war wohl so, wie es der jetzige Ling Rinpoche uns einmal sehr anrührend gesagt hat – er war damals knapp sechzehn

Jahre alt: „Mein Vorgänger war immer da, um Seine Heiligkeit zu beraten und zu leiten, bis zum Ende seines Lebens, bis zu seinem letzten Atemzug. Er war ein großartiger Mensch."

Ganz anders als der Dalai Lama seine Jugendjahre erinnert, hat der Ngari Rinpoche, sein um etwa fünfzehn Jahre jüngerer Bruder, Ling Rinpoche im Gedächtnis behalten. „Ling Rinpoche war sehr zurückhaltend", erzählte er, „Leute in seiner Position können andere sehr wohl beeinflussen; aber Ling Rinpoche war sehr verantwortungsbewusst und sehr weise und wusste genau, wem es gut tun würde, wenn er sich öffnete und wem nicht. Er war wirklich ein großes Kaliber. Als ich ein Kind war, hat er immer mit mir gescherzt, ich habe mich ihm immer sehr nahe gefühlt und ihm alles erzählt, was mich bewegte. Auch nachdem ich mit der Schule in Darjeeling fertig war, habe ich ihn besucht, mit langen Haaren bis zur Schulter. Und er fragte mich: „Wo willst du denn nun hin, was willst du machen?" Und ich antwortete ihm scherzhaft: „Ich kann nur noch zur Hölle gehen." Er lachte nur und erwiderte: „Du musst selbst wissen, was du machst." Darin lag eine Belehrung. Was immer einer macht, er muss es selbst verantworten. Dann ließ er sich von mir alle Abenteuer als Junggeselle erzählen, und der Mönch, der den Tee servierte, wurde ganz verlegen dabei. Was ich erzählte, war ziemlich delikat. Der Rinpoche war absolut informell, wie ein wundervoller Großvater." Auch Alexander Berzin meint, privat habe Ling Rinpoche oft gescherzt mit ihm, auch darüber, dass so viele Leute Angst vor ihm hatten. Er, Berzin, fürchtete eher Trijang Rinpoche, der ihn immer mit Fragen peinigte, etwa was er denn gerade so mache. Diese großen Lamas hätten sich immer völllig verschieden verhalten, je nachdem wen sie vor sich hatten. Auch Berzins Lehrer Serkong Rinpoche hatte großen Respekt vor Ling Rinpoche, und selbst in der gegenwärtigen Inkarnation weigerte sich Serkong Rinpoche, der etwa ein Jahr älter als Ling Rinpoche ist, als kleines Kind beharrlich, mit Ling Rinpoche zusammen auf einem Bett oder Sofa zu sitzen.

„Es gäbe da eigentlich viele Dinge zu berichten", beantwortete Jampa Rinpoche unsere Frage, was er über die tantrischen Kräfte Ling Rinpoches wisse. „Wenn er eine Belehrung über Tantra gab, zum Beispiel über die Kanäle des feinstofflichen Körpers oder wie man eine Gottheit visualisieren sollte, dann hatten seine Schüler immer das Gefühl, er schildere ihnen etwas, was er ganz intensiv selbst erfahren hatte. Manchmal erklären die Meister einfach, was man in den Texten lesen kann. Aber das war bei Ling Rinpoche ganz anders. Er erzählte, was er direkt vor seinen Augen hatte und führte uns wie ein Reiseführer durch ein Mandala: „Da musst du entlang gehen, dann siehst du diesen Baum. Dann kommst du zu einer Brücke und musst dort entlang gehen, und dann siehst du jenes. Danach wirst du dahin kommen" – so in dieser Weise erklärte er alles."

Er war hellsichtig. Es gibt dafür ein Beispiel aus der Jugend des Dalai Lama, der im Garten des Norbulingka spielte, während Ling Rinpoche irgendwo in einem der Zimmer des Palastes saß, wo er den Jungen nicht sehen konnte. Der kletterte auf einen Baum und drohte herunterzufallen, als Ling Rinpoche einem Diener zurief: „Schnell, schnell, lauf in den Garten, Seine Heiligkeit fällt gleich vom Baum!" Und der Diener kam gerade noch rechtzeitig, um ihn aufzufangen. Einmal war er zusammen mit Gomo Rinpoche in Bodhgaya. Der Rinpoche musste eine Puja leiten, die den ganzen Tag andauerte, während Ling Rinpoche in seinem Labrang blieb. Gomo Rinpoche hatte einen schlechten Tag, war unkonzentriert und machte viele Fehler, sang falsch und raste durch das Ritual. Alle lachten über ihn. Abends kam er zu Ling Rinpoche, der ihn höflich fragte, wie alles gelaufen sei. Der erzählte alles; und die anderen im Labrang hörten nun aus des Rinpoches Munde, was ihnen Ling Rinpoche vorher schon detailgenau über Gomos Fehler berichtet hatte, als habe er alles mit dem Fernglas beobachtet. Wir haben natürlich auch den Dalai Lama zu diesem Thema befragt: „Was die Hellsichtigkeit von Ling Rinpoche betrifft, so habe ich damit auch einige Erfahrungen gemacht. Ich fragte ihn des öfteren etwas, und er gab ohne Zögern eine Antwort, die das Gegenteil meiner eigenen Ansicht war. Und später stellte sich immer heraus, dass er tatsächlich recht gehabt hatte. Aber er würde solche Fähigkeiten nie gezeigt haben. Einmal habe ich ihn ganz direkt gefragt, es war schon hier in Indien: „Oh, du musst die Fähigkeit haben, eine Kraft, um zu wissen, was in der Zukunft kommt." Damals antwortete Ling Rinpoche so ganz nebenbei und so, als ob es völlig bedeutungslos sei: „Ja, ja, manchmal geschieht das."

Der Yidam von Ling Rinpoche – seine persönliche Gottheit – war Yamantaka, seine Schutzgottheit war Nechung. Wenn ein tantrischer Praktiker die Leerheit erfährt, dann verschmilzt sein Bewusstsein mit dem Yidam, ganz allgemein gesprochen. Yamantaka ist die schreckenerregende Form von Manjushri – wir sagten es anfangs schon –, und die engsten Schüler von Ling Rinpoche glaubten, dass dieser selbst die erleuchtete Manifestation von Manjushri war. Dazu erzählte uns der Dalai Lama diese Geschichte: „Einmal bekam Chogay Trizin Rinpoche, ein Sakya-Tulku, eine Belehrung von Ling Rinpoche über Yamantaka. Während Ling Rinpoche mit ihm sprach, erschien dieser dem Tulku plötzlich mit einer großen, breiten Büffelnase und zwei Hörnern auf dem Kopf, gewissermaßen mit einem Büffelkopf", so wie Yamantaka ikonographisch dargestellt wird. Der junge Ling Rinpoche erzählte uns, dass auch einige ältere Mönche seinen Vorgänger mit einem Büffelkopf gesehen hätten, als er im tantrischen Kloster in Gyütö lebte, und die gleiche Erfahrung hat einer der Betreuer des jetzigen Rinpoche gemacht, als dieser noch sehr klein war. Weil er frech gewesen war, klopfte er dem Jungen auf sein Hinterteil – der drehte sich plötzlich um und hatte zum Entsetzen des Mönches einen Büffelkopf. „Man hat mir auch erzählt", ergänzte der Dalai Lama, „aber ich erinnere mich nur vage daran, dass nach dem Tode des Rinpoches ein Bild von Yamantaka, genau wie ein Foto, auf seiner Brust erschien. Ich selbst habe das nie gesehen. Aber auch bei dem 13. Dalai Lama erschien nach seinem Tode am Ende seiner Wirbelsäule ein ganz deutliches Bild von Avalokiteshvara (als dessen Manifestation die Dalai Lamas gelten), es war nach seiner Einbalsamierung unter der trockenen Haut sehr klar und etwas erhoben zu sehen. Trijang Rinpoche hat mir davon erzählt."

Auch Jampa Rinpoche hat nach dem Tode von Ling Rinpoche das Bild von Yamantaka auf der Brust des Rinpoche gesehen, wie einen Abdruck, sagte er. Er war auf seinem Bett liegend gestorben, nicht in der Meditationshaltung sitzend, sodass man es gut sehen konnte. Es existiert davon ein Foto, das wir sehen durften.

Im September 1983 erlitt Ling Rinpoche als Folge seines hohen Blutdruckes einen Schlaganfall und war linksseitig gelähmt. Er konnte wohl nicht mehr ganz klar sprechen, die Sprache war schwerfälllig, langsam und oft undeutlich, aber er hatte keine eigentliche Sprachlähmung, so erzählte der Dalai Lama. Auch sein Geist sei völlig klar gewesen und, so berichten seine damaligen Mitarbeiter, der Rinpoche habe genau gewusst, dass sein plötzlicher Tod das Herz vieler Leute brechen würde. Daher habe er sein Leiden verlängert – auch um seinen Schülern Gelegenheit zu geben, mit dem Sterben besser umzugehen und ihnen zu zeigen, dass Leben immer auch Leiden sei.

Manchmal wird bei tibetischen Meistern erst im Sterbeprozess offenbar, welche geistige Kraft sie besessen, welche Fähigkeiten sie durch lebenslange tantrische Praxis erreicht hatten. Manchmal bleibt auch das verborgen, weil es nur wenige Menschen miterlebt haben. So war es auch bei Ling Rinpoche. In der Zeit vor seinem Tode passierten außergewöhnliche Dinge, von denen bis heute nur wenige Menschen Kenntnis haben, selbst der Dalai Lama wusste nichts davon. Jampa Rinpoche hat uns wiederholt die ausdrückliche Erlaubnis gegeben, davon zu berichten. Er war damals der Ritualmeister von Ling Rinpoche und während dessen Krankheit nachts sein Betreuer. Man hatte Ling Rinpoche aus seinem Labrang, der sehr kalt und ungemütlich war, in das kleine Haus von Tenzin Geyche Tethong, dem Privatsekretär des Dalai Lama, gebracht. „Eines Tages“, so erzählt er, „kam der Arzt des indischen Militärhospitals in der Nähe von Dharamsala, ein sehr guter Arzt, um Rinpoche zu untersuchen. Er prüfte die Reflexe des Kranken, aber was geschah? Die Reflexe auf der kranken Seite reagierten völlig normal, die auf der gesunden Seite waren entgegen jeder Erwartung nicht auslösbar. Das verwirrte uns natürlich außerordentlich. Dann ging der Doktor weg – und alles war wie vor seinem Besuch.“ Man muss daraus schließen, dass der Rinpoche in der Lage war, seine Krankheit sozusagen von einer Seite auf die andere zu verlagern. Medizinisch gesehen war das natürlich eine völlige Unmöglichkeit.

Eines Nachts verlangte der Rinpoche nach einem Teller mit Tsampa. Jampa Rinpoche brachte ihn und traute seinen Augen nicht, als Ling Rinpoche den Teller mit beiden Händen nahm und aß. Einmal puffte er Jampa Rinpoche mit der kranken Hand in den Bauch, sodass der völlig erstarrt dastand. Dann forderte der Rinpoche ihn auf, die Vorhänge zu schließen und brachte ihm die komplizierten Mudras für ein spezifisches tantrisches Ritual bei, indem er sie mit beiden Händen vormachte. Aber nicht nur das, er sang ihm auch mit völlig klarer Stimme die dazugehörigen Mantras vor. Der Chandsö, der einmal in das Zimmer kam, sah das und sagte ganz glücklich: „Oh, unser Rinpoche ist morgen wieder gesund.“ Aber am nächsten Morgen mussten wieder vier Leute den Rinpoche wie immer betten, er war sehr schwer und dick, und seine Pflege war nicht leicht. An einem anderen Morgen konnte er plötzlich vorübergehend alles alleine machen: „Es war ein großes Verwirrspiel, niemand konnte begreifen, was hier vor sich ging“, sagt Jampa Rinpoche heute.

Wir fragten ihn, ob ihm das nicht alles ganz unglaublich erscheine: „Überhaupt nicht“, antwortete er, „ich war seit meiner Kindheit bei Rinpoche, und er war ein so großer tantrischer Meister. Ich wusste das ja ganz genau und hatte selbst einige Erfahrung in tantrischen Praktiken. So ist mir das alles eigentlich ganz natürlich erschienen, ich habe nichts Besonderes darin gesehen. Es hat nur meine Hingabe für ihn noch gestärkt."

Das Siechtum des Rinpoche war besonders für den Dalai Lama sehr schwer zu ertragen. Er sagte uns: „Ich bin hundertprozentig davon überzeugt, dass die Krankheit von Ling Rinpoche so lange gedauert hat, weil er wollte, dass ich seinen Tod akzeptieren kann, und er hat diesen Prozeß willentlich gesteuert. Daran habe ich überhaupt keinen Zweifel. Er war ein sehr großer Lama, er konnte das. Ein Jahr vor seinem Tod hatte er mich und Serkong Rinpoche in seine Residenz im Kloster Ganden eingeladen. Nachdem wir gegessen hatten, drückte Serkong Rinpoche seinen Wunsch aus, dass Ling Rinpoche ein langes Leben haben möge und fing dabei an zu weinen. Er sagte zu Ling Rinpoche, dass der Dalai Lama so begrenzte Möglichkeiten und so viele Schwierigkeiten habe, so möge der Rinpoche doch bitte diese Umstände in seinem Geist behalten und noch lange leben. Ein Jahr später starb er dann.

Damals in Ganden dachte ich, seinen Tod kannst du nicht akzeptieren, du kannst nicht einmal daran denken. Als er dann krank wurde, habe ich ihn oft besucht, und am Anfang hatte ich eine ähnliche Einstellung. Ich kann das nicht akzeptieren, ich kann nicht an seinen Tod denken. Dann wurde seine Situation von Woche zu Woche sichtlich schlechter. Das half mir dann doch allmählich, die Fähigkeit zu entwickeln, seinen Tod anzunehmen. Ich denke wirklich, dass er die Zeit bis zu seinem Tode willentlich verlängerte, um mir zu helfen. Das ist so rührend. Er wartete immer auf meinen Besuch, und wenn er einen Jeep draußen hörte, dann sagte er: „Seine Heiligkeit kommt, Seine Heiligkeit kommt." Dazu fällt mir noch etwas ein, das mich sehr berührt hat. Wenn er sich damals irgendwie unbehaglich fühlte, weil seine Betreuer einen Fehler gemacht hatten, dann pflegte er zu sagen „Ich werde das Seiner Heiligkeit dem Dalai Lama berichten." Ja, genauso war es."

Alle Mitglieder seines Labrangs waren am Weihnachtstag 1983 in seinem Sterbezimmer. Ling Rinpoche lächelte mit seinem letzten Atemzug, ein allerletzter Versuch, sie alle zu trösten. Am Tage seines Todes war das Wetter plötzlich sehr turbulent geworden, mit heftigen Winden, Donnern, Blitzen und plötzlichem Schneefall. Er blieb dann im Stadium des „Klaren Lichtes" bis zum 7. Januar 1984. Man hörte Klänge himmlischer Musik und liebliches Singen von männlichen und weiblichen Stimmen aus dem Raum, in dem der Rinpoche in der Todesmeditation lag, und es gab sehr seltsame Wolkenformationen in dieser ganzen Zeit. So schildert es Sharpa Tulku in seiner Biographie des Rinpoche.

Als das Bewusstseinskontinuum des Rinpoche endgültig den Körper verlassen hatte – kenntlich an den zwei Tropfen, die aus der Nase austreten – sanken urplötzlich große Schneeflocken wie ein Blütenregen vom Himmel, und ein Regenbogen bildete früh am Morgen einen Kreis um den noch sichtbaren Mond. Die Leute, die das sahen, nahmen es als ein himmlisches Zeichen, dass das Bewusstsein des Rinpoches sich von seinem Körper gelöst hatte. Als seine Betreuer dann den Körper wuschen, hatten sie überhaupt nicht den Eindruck, dass der Rinpoche tot sei. Er sprach nicht mehr, aber es gab keine schwarzen Flecken, keinen schlechten Geruch, und die Haut war nicht gerade warm, aber auch nicht so eiskalt wie sonst bei Toten. Für Jampa Rinpoche, der bei vielen Verbrennungen geholfen hatte, war das eine sehr ungewöhnliche, seltsame Erscheinung.

Der Dalai Lama entschied in Übereinstimmung mit dem Labrang und den hohen Lamas und Äbten der Gelug-Tradition, die Leiche von Ling Rinpoche einbalsamieren zu lassen, wie es auch die Sitte bei allen vorhergehenden Ganden Tripas gewesen war. Selbst die Mumie von Tsongkhapa war noch bis Mitte der 60er Jahre erhalten, ehe sie in den Wirren der Kulturrevolution zerstört wurde. In Tibet war dieser Mumifizierungsprozess wegen des kalten und trockenen Klimas ziemlich einfach gewesen, deshalb dachte man daran, die Leiche des Rinpoche nach Ladakh zu bringen, das ein ähnlichen Klima wie Tibet hat, verwarf den Gedanken aber wieder. Der Chefarzt des Delek-Hospitals in Dharamsala fragte dann in verschiedenen indischen Hospitälern in Chandigarh und anderswo nach, ob sie dort einen Fachmann hätten, aber es gab keinen. So fing man denn selbst mit der langwierigen Arbeit des Einbalsamierens im Labrang an, packte den Körper in Steinsalz, um ihm jede Flüssigkeit zu entziehen, und goss Quecksilber und andere Ingredienzien in den Mund, um den Körper auch von innen auszutrocknen. Ling Rinpoche hatte die entsprechenden Instruktionen schriftlich hinterlassen, so wie er sie einst von Phabongkha Rinpoche bekommen hatte. Dann kam eine Expertin aus den USA, Liza Heath, die in monatelanger Arbeit die Knochen mit einer Plastikmasse umhüllte und modellierte, sodass schließlich der Eindruck einer lebenden Person entstand. Die Mumie (Kudung) von Ling Rinpoche steht heute in einer Art hölzernem Sarg mit Glasscheiben in der Residenz des Dalai Lama und kann von jedermann Sonntags verehrt werden. Der Dalai Lama hatte von Anfang an gesagt: „Macht das alles sehr leicht, damit wir den Rinpoche mit nach Tibet nehmen können!"

Der jetzige Ling Rinpoche findet, dass die alte tibetische Technik, wie man sie auch beim 13. Dalai Lama angewendet hatte, besser gewesen sei, der Leichnam habe eher wie im Leben ausgesehen. Die Technik beherrsche aber niemand mehr im Exil. Wir haben den Kudung von Ling Rinpoche 1985 im Chopra Haus gesehen, ohne damals viel über den Rinpoche zu wissen; und für uns sah er jedenfalls sehr lebensnah aus.

Der Chandsö des Ling Labrang erzählte uns auf die Frage, was wir von Jampa Rinpoche halten sollten, dessen Bericht für uns wirklich unglaublich war, folgende Geschichte: „Das erste Mal, dass Jampa Rinpoche seine magischen Kräfte, oder wie immer man das nennen soll, ausprobierte, das war, als Ling Rinpoche gerade in Tenzin Geyche-las Haus gestorben war und wir seinen Körper in unseren Labrang zurückbringen wollten. An dem Morgen gab es eine große Veranstaltung vor dem Haus, es gab eigentlich nichts zu feiern, aber alle waren da. Die ganze Straße war voll auf Hunderte von Metern, und alle hatten ihre besten Kleider an. Entsprechend den Berechnungen der Astrologen sollte der Körper Punkt 7.00 Uhr aus dem Haus gebracht werden, aber um 6.30 begann es zu regnen, so stark, dass man überhaupt nichts mehr sehen konnte. Der Himmel war vollkommen schwarz. So konnten wir nicht den Berg hinaufsteigen. Dann sagte jemand zu Jampa Rinpoche: „Rinpoche, du musst etwas machen, damit es aufhört zu regnen!" Rinpoche war total aufgelöst, er wusste nicht so recht, was er nun tun sollte – aber es war niemand sonst da, der eine Ahnung hatte. Etwa zehn Minuten vor sieben kletterte er auf das Dach. Was er dort machte, konnten wir nicht sehen. Sie glauben es vielleicht nicht, aber Punkt Sieben brach der Himmel auf, der Regen hörte auf und die Sonne schien auf uns alle. Ich glaube nicht so sehr an Wunder und höre nicht gern alle diese Geschichten von Wundern der heiligen Männer bei den Christen, den Hindus und den Moslems. Aber an dem Morgen habe ich doch gesagt: „Da hat Jampa Rinpoche wirklich ein Wunder gemacht." Denn dass Regen von einer Minute zur anderen aufhört, und noch dazu so ein starker Regen, das gibt es normalerweise nicht. Nur die Ngakpas können das. Im Norbulingka haben sie immer einen Ngakpa gehabt, der musste aufpassen, dass es keinen Hagel gab, der die Blumen zerstörte."

1985 wurde eine Kommission eingesetzt, um die Reinkarnation von Ling Rinpoche zu suchen. Sie wird gewöhnlich vom Chandsö des jeweiligen Labrang geleitet, in diesem Fall war der damalige Chandsö, Lobsang Lungrig, aber krank, sodass Jampa Rinpoche die Leitung übernahm.

Auch Gomo Rinpoche gehörte der Kommission an. Es gab sechshundertdreißig Kandidaten aus ganz Indien, die im Ochsenjahr (1985) geboren und nach bestimmten Kriterien ausgesucht worden waren. Bevor eine endgültige Entscheidung getroffen worden war, sah Jampa Rinpoche exakt am Todestag von Ling Rinpoche im TCV einen kleinen Jungen, etwa anderthalb Jahre alt, der sich genauso verhielt und ihn genauso an den Ohren zog, wie das Ling Rinpoche zu tun pflegte, ihn auf dem Handrücken kratzte und ihm sagte, er solle seinen Mund aufmachen, um ihm einen Keks hineinzustopfen. Das hatte Ling Rinpoche selbst in seinen letzten Tagen noch getan.

Gomo Rinpoche war auch dabei, der den Jungen auf den Schoß nahm und ihm einen Rosenkranz, eine Mala, gab, die Ling Rinpoche gehört hatte – und der Kleine nahm ihn und drehte ihn in exakt der gleichen Weise wie Ling Rinpoche das getan hatte, nämlich andersherum, als es üblich ist. Jampa Rinpoche war sich ziemlich sicher, dass er hier vor der Reinkarnation seines Lamas stand, brachte den Jungen auch zum Dalai Lama, aber der entschied, man solle mit dem Suchprozess wie vorgeschrieben fortfahren. Man müsse sich absolut sicher sein. Aber jedes Mal, wenn der Dalai Lama Mo mit Tsampa-Bällen machte, kam der Name dieses Kindes heraus.

Gomo Rinpoche machte seine Meditation in dieser Zeit gewöhnlich vor dem Kudung des Ling Rinpoche, der damals noch im Labrang war. Eines Morgens hörte er plötzlich eine Stimme, die aus der Richtung des Kudung kam: „Warum erkennst du mich nicht, wenn ich doch schon auf deinem Schoß gesessen habe?" Nun war auch Gomo Rinpoche überzeugt.

Der Dalai Lama schickte auch in diesem Fall eine Kommission zum Lhamo Latso See in Tibet, in dem die Mönche ganz klar das Haus sahen, in dem der gesuchte Junge lebte, und es gab auch Hinweise auf die Arbeit des Vaters, der mit Pullovern handelte. Von den zwei Kandidaten, die am Ende übrig geblieben waren, fing einer an zu weinen, als er geprüft werden sollte, und lief weg. Übrig blieb der Junge, von dem Jampa Rinpoche und Gomo Rinpoche schon überzeugt waren, dass er die Reinkarnation ihres Meisters sei. Der Dalai Lama bestägte ihn ohne weitere Prüfung. Er war damals zwei Jahre alt und stammte aus Bir, nicht weit weg von Dharamsala.

Wir fragten den jungen Ling Rinpoche, wie er seine Beziehung zu seinem Vorgänger sähe, und er antwortete bescheiden abwehrend, wie es auch sein Vorgänger getan hätte: „Ich fühle mich ihm sehr nahe, aber ich denke nicht, dass ich die gleiche Person bin. Das Bewusstsein des Vorgängers geht in die Reinkarnation über. In dem Fall bin ich er – aber ich kann nicht sagen, dass ich das Gefühl habe, wirklich er zu sein."

Quellennachweise:

Interview mit S.H. dem Dalai Lama in Dharamsala/Nordindien, am 4.10.01

Interviews mit Kyabje Ling Rinpoche im Kloster Drepung Loseling in Mundgod/Karnataka, am 29.1.1999 und 16.2.2001

Interview mit Tendzin Choegyal, dem Ngari Rinpoche in Dharamsala/Nordindien, am 2.10.2001

Interviews mit Jampa Rinpoche im Kloster Drepung Loseling in Mundgod/Karnataka, am 6.2. 2001 und 16.2.2002

Interview mit Thubten Tsering Lingtsan in Dharamsala/Nordindien, am 4.10.2001

Interview mit Geshe Tsewang im Norbulingka Institut bei Dharamsala, am 3.10.2001

Autobiography of Kyabje Ling Rinpoche, translated by Losong Norbu Tsonawa. Tibet Journal VIII, Nr. 3, S. 45ff, 1983

H. H. the Dalai Lama. An Appeal for Compassion for a swift return of H.H. Yongdzin Ling Dorjechang. Translated with a brief biographical introduction by Sharpa Tulku. Office of H.H. the Dalai Lama, Tekchen Choeling 1984.

Tsering, Phuntsok: Kyabje Ling Rinpoche – in Memoriam. Tibetan Review XIV, 1, S. 7ff, 1984

Nachwort: Das Mysterium der Heiligkeit

Es war im obersten Stock eines der Gebäude eines kleinen, unauffälligen Klosters in Boudnath/Kathmandu. Wir sahen in das sehr alte, sehr gütige Gesicht von Chogay Trizin Rinpoche, über das immer wieder ein fast kindliches Lächeln huschte – und spürten sofort eine Art Urvertrauen, so als hätten wir das „Zeichen" bekommen. Er thronte auf seinem Sitz, in einer prächtigen gelben Robe aus Seide, wie ein gütiger Bodhisattva, lächelnd, zuhörend, segnend. Wir sprachen lange und sehr informell mit ihm, von dem uns immer wieder gesagt worden war, er sei der weiseste lebende Sakya-Lama. Was wir eigentlich wissen wollten, etwas über sein Leben, haben wir allerdings nicht erfahren. Es seien schon viele Bücher über ihn geschrieben worden, meinte er, die sollten wir lesen.

Der Trizin Rinpoche ist der 18., nach einer anderen Zählweise der 26. Chogay Trizin, der Thronhalter der Tsar-, der kleinsten Schule der Sakya-Tradition, und ihr letzter und einziger Lama. Die Thronhalter sind Mönche, aber keine Tulkus, und vererben ihr Amt auf einen Neffen – der Erbe des jetzigen Chogay Trizin wird, so sagte er, sein Neffe, der König von Mustang, sein. Chogay Trizin wurde bereits mit neun Jahren westlicher Rechnung der Nachfolger seines Onkels als Chogay Trizin und drei Jahre später als Abt des Klosters Nalendra (Nalanda) nördlich von Lhasa inthronisiert. 1959 flüchtete er nach Mustang, kümmerte sich um die tibetischen Flüchtlingslager um Pokhara in Nepal und arbeitete später für die tibetische Exilregierung in Dharamsala. 1969 begann der Rinpoche mit dem Bau eines kleinen Klosters in Lumbini, dem Ort, an dem der Buddha geboren worden ist – eine der vier

Heiligen Stätten des Buddhismus. Zwischen 1983 und 1985 baute er direkt an der Straße, welche in Kathmandu den großen Stupa von Boudnath umrundet, einen Tempel, der dem zukünftigen Buddha Maitreya gewidmet ist. Dahinter liegt sein Kloster Jamchen Lhakang mit etwa hundert jungen Mönchen, keine zehn Minuten Fußweg von dem prächtigen Kloster entfernt, das Dilgo Khyentse gebaut hat.

Chogay Trizin Rinpoche hat viele Bücher geschrieben und immer wieder ausgedehnte Belehrungen gegeben. Zwischen 1981 und 1997 reiste er mehrmals nach Ost- und Südostasien, einmal auch nach Nordamerika, allerdings immer nur für wenige Wochen. Er sei davon überzeugt, sagte er, dass sich der Buddhismus in der ganzen Welt ausbreiten werde, weil der Segen des Dalai Lama darauf ruhe.

Während wir im Vorzimmer des Rinpoche kurze Zeit warteten, sagte ein junger, ganz moderner Mönch zu uns: „Früher, in Tibet, konnten diese Lamas alle fliegen, manche können es sicher auch heute noch. Wir wissen es nur nicht. Sie wissen alles, aber sie sagen es nicht. Wir einfachen Mönche sind nichts gegen sie. Wir müssen Vertrauen haben, sie sind alles für uns." Ein anderer Mönch meinte, der Chogay Trizin habe auch große heilende Kräfte.

Als der Lama hörte, dass ich ein Arzt sei, bat er mich, ihn komplett zu untersuchen – er sitzt in einem Rollstuhl. Hinter uns saßen ein Dutzend junger Leute, kauend, es war um die Mittagszeit, zuhörend und lachend. Irgendwann im Laufe unserer Unterhaltung zog er einen dicken Umschlag mit Geld aus seiner Robe, die Spenden, die er am Morgen bekommen hatte, und teilte großzügig Dollarscheine, indische und nepalische Rupien an meine Frau und mich aus: „Have some tea or dinner", meinte er dabei. Das wiederholte sich später nochmals. Wir wussten nicht so recht, wie wir reagieren sollten und sahen von der Seite auf unseren Dolmetscher aus dem Labrang, aber der lächelte nur vor sich hin. Wir haben das Geld dann unsererseits wieder einem guten Zweck zugeführt.

Es war eine unvergessliche Begegnung. Wir hatten das Gefühl, einem Vollendeten gegenüber zu sitzen. Ein ähnliches Gefühl hatte ich – abgesehen von unseren Begegnungen mit dem Dalai Lama – schon einmal gehabt, als ich in Kairo einem berühmten Sufi-Meister gegenüber saß. Die wirklich großen Meister, die Mystiker und Heiligen aller Religionen, sind sich wohl alle gleich. Ihr Dasein ist reine Liebe und Mitgefühl für alle Lebewesen, bis hin zur Selbstaufopferung als Frucht eines lebenslangen Ringens um die mystische Vereinigung mit einem unbeschreibbaren ANDEREN. Sie haben etwas erreicht, was die Buddhisten erleuchtetes Bewusstsein nennen. Dann haben die falschen Sichtweisen unseres Seins, die Unwissenheit, ein Ende, erklärte uns einmal Bokar Rinpoche. Das Bewusstsein im Zustand der Erleuchtung sei nicht mehr behindert und fehlgeleitet durch Verdunkelungen des Geistes. Es sei frei, seine vielen Potenzen nun unbehindert zu entfalten. Man nenne das Buddha-Aktivitäten. „Aber was immer wir sagen, ist nicht das, was wirklich ist", sagte er. „Es ist zwar etwas, was jeder erfahren kann, aber diese Erfahrung kann nicht in dualistischen Begriffen ausgedrückt werden. Und andere hat unsere Sprache nicht zur Verfügung."

Man mag denken, dass es im Tibetischen Buddhismus keine heiligen Frauen gegeben habe, doch es gab sie. Aber es waren nur wenige, denen die Verpflichtungen gegenüber ihrer Familie die Zeit ließen, ihr Leben ganz der meditativen Praxis zu weihen. Tsültrim Allione hat in einem schönen Buch einige Beispiele aus lange vergangenen Zeiten zusammengetragen. Der Minling Trizin, der Thronhalter der Mindrolling-Schule der Nyingma-Tradition, hat uns einen anderen Grund genannt, warum es nur wenige weibliche Tulkus in Tibet gegeben hat und es jetzt nur einen gibt – seine eigene Tochter. Ein Meister, der sich reinkarnieren will, wählt die Form, in der er am effektivsten den Dharma verbreiten kann –

und das sei derzeit die männliche Form. Vielleicht werde sich das ja in Zukunft ändern, meinte er lächelnd. Schon der Buddha selbst machte zwischen Mönchen und Nonnen einen großen Unterschied, und bis heute sind die Nonnen den Mönchen absolut untergeordnet. Das müsste sich wohl erst grundlegend ändern, ehe man mehr weibliche Tulkus erwarten kann. Aber vielversprechende Anfänge sind in den letzten Jahren schon insofern gemacht worden, als es zwei, drei Nonnenklöster der Gelugpas in Indien gibt, in denen die Nonnen den gleichen Studiengang absolvieren können wie die Mönche. Rinchen Khando Choegyal, die Frau des oben mehrmals erwähnten Ngari Rinpoche und langjährige Erziehungsministerin der Exilregierung, hat hier bahnbrechend gewirkt. Es ist aber bisher immer noch nicht möglich, die volle Ordination als Nonne in Indien zu bekommen – meist reisen die Novizinnen dazu nach Taiwan.

Im Westen sind es die christlichen Heiligen, die wegen ihrer beispielhaften sittlichen Lebensführung verehrungswürdige Vorbilder sind. Sie sprechen nicht so sehr den Verstand als das Gemüt an und erfüllen die Sehnsucht der Menschen nach ganz elementaren Symbolen des Heils. Im christlichen Mittelalter wurde die Heiligkeit als eine Art Energie angesehen, die sich durch einen Körper manifestiert, eher eine Qualität der Seele oder ein geistiger Zustand. Sie konnte sich nach dem Tode des Heiligen auch körperlich zeigen, und das wurde dann als Zeichen gedeutet, dass dieser Mensch von Gott auserwählt war. Eines dieser Zeichen war, dass sein Körper nach seinem Tode klein und zart wie der Körper eines Kindes wurde. Wichtig war auch der Geruch des toten Heiligen, der angenehm war – der Geruch der Heiligkeit.

Ähnliches kenne ich von lebenden indischen Heiligen, sie riechen schwer beschreiblich, ganz anders, aber sehr angenehm. Heilige waren in früher Zeit Wesen, die auch Gewalt über die Natur und die Elemente hatten, sie machten Regen und schönes Wetter. Die Anwesenheit eines Heiligen oder seiner Reliquien an einem bestimmten Ort oder in einer Region konnte selbst das Wachstum der Natur beeinflussen. Die größten Erwartungen setzte und setzt man zu Lebzeiten eines Heiligen in seine außerordentlichen Fähigkeiten, Krankheiten zu heilen, die anders nicht zu heilen waren. Alle diese wunderbaren Zeichen finden wir auch bei den tibetischen Meistern wieder.

Auf eine neue und höhere Ebene wurde die Heiligenverehrung nach der Stigmatisierung des Franziskus von Assisi (1181 – 1226) gehoben. Danach setzte sich in der Kirche die Auffassung durch, dass sich ein menschliches Wesen in der Tat mit Christus identifizieren und mit ihm eins werden könne. Auch das finden wir bei den tibetischen Tantrikern in anderem Kontext wieder.

Ein Beispiel für einen christlichen Heiligen aus unserer Zeit ist Pater Pio (1887-1968), der am 16.6.2002 vom Papst in Anwesenheit von 300 000 Gläubigen auf dem Petersplatz in Rom heiliggesprochen wurde. Der einfache, bäuerliche Kapuzinermönch hatte seit 1918 die Wundmale Christi getragen, stets blutverkrustet, als Zeichen seiner mystischen Vereinigung mit Christus. Sie verschwanden spurlos in der Nacht seines Todes. Mitbrüder berichten, dass von seiner Leiche ein wunderbarer Duft ausging, wie Parfüm. Pater Pio hat nie etwas Bedeutendes geschrieben, er hat nichts anderes getan als die Beichte zu hören, zu predigen und die Messe zu lesen. Sein Leben war reine Liebe und reines Mitgefühl, nichts sonst. Er hat nie zwischen reich und arm, wichtig oder unwichtig unterschieden, er war für alle und jeden da. Zeitlebens hinfällig, war er ein Heiliger für die Armen im Mezzogiorno, im vergessenen Süden Italiens, ein Symbol des Leidens und der Hoffnung. Er hat mit seinem Leben Zeugnis gegeben, sagte der Papst, dass Schwierigkeiten und Schmerzen, wenn sie in Liebe getragen werden, sich in einen Weg zur Heiligkeit verwandeln. Ob wir vom Mysterium der Heiligkeit sprechen oder von dem unbeschreibbaren Zustand der Erleuchtung, es ist das gleiche Ziel, das die tibetischen Tantriker und die christlichen oder sufischen Mystiker auf verschiedenen Wegen anstreben. Vorbilder sind die einen wie die anderen, ganz besonders in einer Zeit, in welcher der „Krieg gegen den Terrorismus" das Recht der jeweils anderen nicht mehr anerkennt und die Menschenrechte mit Füßen tritt.

Aber wie steht es mit noch lebenden Vorbildern? Wo immer wir in Indien nach Meistern gefragt haben, die denen ebenbürtig seien, über die wir berichten wollten, wurden uns immer die gleichen Namen genann: Chatral Rinpoche, Chogay Trizin Rinpoche, Lati Rinpoche – und schon kam der Befragte ins Stocken. Und im Westen ist weit und breit kein ähnlich verwirklichter westlicher Dharma-Lehrer in Sicht. Ganz im Gegenteil. Viele der westlichen Ordinierten, auch die der ersten Stunde in den sechziger Jahren, haben ihre Gelübde wieder zurückgegeben. Auch die wenigen westlichen Tulkus, die in tibetischen Klöstern erzogen wurden, sind entweder nach Hause gegangen oder haben sich nicht entsprechend den hochgesteckten Erwartungen ihrer westlichen Gefolgschaft entwickelt.

Alan Wallace hat in einem kürzlich veröffentlichten Interview die Frage gestellt, wie effizient denn die Verbreitung des Dharma im Westen bisher gewesen sei. Ein Tabu-Thema! Was einst in Tibet möglich war, dass es über Jahrhunderte hinweg in einer einzigen Generation eine Reihe verwirklichter Meister gegeben hat, scheint im Westen nicht realisierbar zu sein. Liegt es an uns, fragt er, an den tibetischen Lehrern, oder muss die Lehre, die an die tibetische Mentalität angepasst ist, für den Westen transformiert werden? Niemand weiß so recht die Antwort.

Gerade deswegen, meine ich, können und sollten westliche Buddhisten sich die Meister, deren Leben in diesem Buch geschildert wurde und die bis vor wenigen Jahren unter uns gelebt haben, zum Vorbild nehmen. Sie haben mit großer Beharrlichkeit den Dharma von Grund auf gelernt, haben meditiert und in einem ständigen Prozess der Verfeinerung ihres Verstehens des Dharma schließlich die Leerheit verwirklicht. Mitgefühl war die Basis ihres Lebens und Wirkens – und eben das verbindet sie mit den Erleuchteten und Heiligen aller Zeiten und aller Religionen.

Quellennachweis:
Allione, Tsültrim: Tibets weise Frauen. Zeugnisse weiblichen Erwachens. Theseus Verlag, Berlin 2001
Chogye Trichen: Fortunate to Behold. Sahayogi Press, Kathmandu 1986
Interview mit Chogay Trichen Rinpoche im Kloster Jamchen Lhakang in Kathmandu, am 23.9.01
Interview mit Kyabje Bokar Rinpoche im Kloster Ngedon Chokhor Ling in Mirik/Darjeeling, am 28.9. 1999.
Samten, Ngawang: A brief Biography of His Eminence Chogay Trichen Rinpoche, 1982. Edited by David Jackson, Hamburg 2002
Hodel, Brian: Interview mit Alan Wallace. Tibet und Buddhismus, XVI, Nr. 62, 2002
Vauchez, André: La sainteté en occident aux derniers siècles du moyen age. Paris 1981

Verzeichnis der Fotos

Seite 12 • Tsenshap Serkong Rinpoche
26 © Serkong Labrang
27 © Serkong Dorjee Chang Labrang
28 © Serkong Labrang

Seite 13 • Tsenshap Serkong Rinpoche
29, 30, 31 © Sigrun Asshauer

Seite 14 • Trijang Rinpoche
32, 36 © Trijang Labrang
33, 34, 35 © Sigrun Asshauer

Seite 15 • Kyabje Ling Rinpoche
37 © Ling Labrang
38, 39, 40 © Sigrun Asshauer

Seite 16 • Chogay Trizin Rinpoche
41 © Autor
42, 43 © Sigrun Asshauer